入園、入学に役立つ

# 子どものためのバッグ作り

刺繡、アップリケの図案つき

しかのるーむ ＋ ピポン

文化出版局

# もくじ…

はじめに……4
こんなバッグが作れます……5
刺繍とアップリケ……10
布合せと綿テープ……12
縫い始める前に……13

### 入園、入学の準備のために

#### レッスンバッグ

a-1　底にまちをつける……14
a-2　袋口に切替え線を入れる……16
a-3　前にアウトポケットをつける……18
a-4　リコーダーバッグにも……20

#### シューズ袋

b-1〜4　同じ形で四つのバリエーション……22
b-5　前ファスナーあきにする……24

#### お弁当袋

c-1　長方形の布1枚で作る……25
c-2　ボックスタイプに持ち手をつけて……26
c-3　きんちゃく風に袋口をとじる……28
c-4　ポーチのようなシンプルな袋……29
c-5　きんちゃく袋……30
c-6　裏布つきのきんちゃく袋……31

#### 通園バッグ

d-1　ファスナーあきのボックス形……32
d-2　スタンダードなフラップタイプ……34

### お出かけの日のために

#### トートバッグ
- e-1　バケツ形のバッグ…… 36
- e-2　袋口にひもを通す…… 38
- e-3　小さな手さげ袋…… 39

#### リュックサック
- f-1　小さな背中に合わせて…… 40
- f-2　横長のランドセルタイプ…… 42
- f-3　ベルトでとめるランドセルタイプ…… 44

#### ボストンバッグ
- g-1　丸いまちをつけて筒状にする…… 46
- g-2　小さくてもきちんとしたバッグ…… 48

### バッグ作りに刺繍をプラス
- 刺繍やアップリケを始める前に…… 50
- 刺繍とアップリケの配置例…… 52

### 図案集 …… 60

＊＊＊＊【カバー表のバッグ】
上 = a-1 作り方▶p.14　図案▶p.75
左下 = d-1 作り方▶p.32　図案▶p.76
右下 = c-3 作り方▶p.28　図案▶p.63

【カバー裏の刺繍】
上 = 図案▶p.64
中 = 図案▶p.74
下 = 図案▶p.60

# はじめに

子どものためにバッグくらいは作ってあげたい、というお母さんは多いようです。
既製のバッグがあふれていても、必要なものが見つからなかったりして、
入園、入学を控えた子どものバッグ作りは、今もお母さんの宿題のようです。
人に頼んで作ってもらうにしても、頼まれたほうはどんなのがいいのか不安です。
本書はそういう人に役立ててほしい本です。

基本となるバッグは25点ですが、そのデザインは無限に広がります。
裏布をアクセントにしたデザイン、刺繍をアクセントにしたデザイン、
両方をドッキングさせたデザインなどサンプルを紹介していますが、
基本のバッグから自由にデザインできるようにもなっています。

前半は裏布をアクセントにしたシンプルなバッグの作り方。
後半は子どもの好きな刺繍やアップリケをするための図案と
そのデザイン例を紹介します。その中から好きなものを選んでください。
子どものバッグはてのひらサイズの小さな手作り。
バッグを上手に縫うこつは、ミシンがまっすぐに縫えることと、
厚地やかたい布を選ばないことです。
そして刺繍の図案も誰でも刺せる線だけの簡単なものばかりです。

子どものころに持った手作りのバッグは、大人になっても意外と覚えているものです。
子どもの思い出作りのためにも、がんばってください。

# こんなバッグが作れます

本書で作るバッグと、それらに刺繍をほどこした場合のイメージです。図案選びの参考にしてください。バッグの刺繍は p.60〜79 の図案を指定の数字に拡大したもの。

## レッスンバッグ

**a-1**
作り方 ▶ p.14
図案 ▶ p.71
180%

**a-2**
作り方 ▶ p.16
図案 ▶ p.69
120%

**a-3**
作り方 ▶ p.18
図案 ▶ p.67
200%

**a-4**
作り方 ▶ p.20
図案 ▶ p.65
200%

# シューズ袋

**b-1**
作り方 ▶ p.22
図案 ▶ p.65
180%

**b-2**
作り方 ▶ p.22
図案 ▶ p.77
120%

**b-3**
作り方 ▶ p.22
図案 ▶ p.61
150%

**b-4**
作り方 ▶ p.22
図案 ▶ p.66
150%

**b-5**
作り方 ▶ p.24

図案 ▶ p.69
120%

図案 ▶ p.72
130%

# お弁当袋

**c-1**
作り方 ▶ p.25
図案 ▶ p.63
130%

**c-2** 作り方 ▶ p.26
図案 ▶ p.71、76　100%

**c-3**
作り方 ▶ p.28
図案 ▶ p.64
120%

**c-4** 作り方 ▶ p.29
図案 ▶ p.64　110%

**c-5** 作り方 ▶ p.30
図案 ▶ p.63、64　150%

**c-6** 作り方 ▶ p.31
図案 ▶ p.72　120%

## 通園バッグ

**d-1**
作り方 ▶ p.32
図案 ▶ p.70
100%

**d-2**
作り方 ▶ p.34
図案 ▶ p.61
120%

## トートバッグ

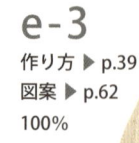

**e-1**
作り方 ▶ p.36
図案 ▶ p.66、77
100%

**e-3**
作り方 ▶ p.39
図案 ▶ p.62
100%

**e-2**
作り方 ▶ p.38
図案 ▶ p.72
120%

## リュックサック

**f-1**
作り方 ▶ p.40
図案 ▶ p.67
120%

**f-2**
作り方 ▶ p.42
図案 ▶ p.62
130%

**f-3**
作り方 ▶ p.44
図案 ▶ p.76
100%

## ボストンバッグ

**g-2**
作り方 ▶ p.48
図案 ▶ p.74
100%

**g-1**
作り方 ▶ p.46
図案 ▶ p.71
100%

# 刺繡とアップリケ

図案を原寸大で刺繡やアップリケにしたものです。同じ図案を刺繡したりアップリケにすることもできて、ワンポイント刺繡として使ってください。

図案 ▶ p.60

図案 ▶ p.63

図案 ▶ p.63

図案 ▶ p.65

図案 ▶ p.71

図案 ▶ p.70

図案 ▶ p.67

図案 ▶ p.68

図案 ▶ p.73

図案 ▶ p.76

図案 ▶ p.68

図案 ▶ p.66

# 布合せと綿テープ

表布と裏布の組合せ。どんな裏布をつけるのか、それだけで同じバッグが全く違うものになります。裏布に男の子、女の子らしさを表現してはどうでしょう。また持ち手に使う綿テープはこの本では生成りを使用していますが、色の綿テープもいいと思います。

ベージュの表布と
裏布の組合せ

紺色の表布と
裏布の組合せ

厚手の綿テープの
持ち手

# 縫い始める前に

### 布地について

【表布】 バッグ用は厚すぎず、薄すぎず、平織りの普通地が縫いやすくて仕上りもきれいです。例えばデニム、ダンガリーなど。インテリアファブリックも本来が丈夫な布なのでバッグには適します。帆布のようにかたい布は、縫い代が重なると家庭用ミシンでは厚くて縫えないことがあるのでおすすめしません。お弁当袋用にはキッチンクロス、リネン、ブロードなどソフトな布がいいでしょう。

【裏布】 裏布は表布より薄地を選びます。例えばギンガム、シーチング、ブロードなど。表布と裏布が異なるときは布の性質も違うので、どちらも一度水に浸して縮地をしてください。

【布目】 織り布にはたて糸とよこ糸があり、よこ糸のほうが伸びやすい性質上、力のかかる方向をたての布目で裁ちます。バッグのサイズが小さく、重いものを入れないようなら、布地が足りない場合はよこ地になってもかまいません。ただし斜めに裁つのだけは避けてください。持ち手もたて地で裁ちますが、よこ地で裁つ場合はステッチをかけるか裏側にテープをはりつけると伸びを防げます。

### パターンと布の裁ち方について

パターンは形に丸みがあるもののみ作り、直線で四角いものは布に直接チョークで印をかいて裁ちます。パターンを作るときは、例えばp.36のポケットなどはパターン用紙を二つ折りに、底は四つ折りにしてかき、丸みが対称になるようにします。
布を裁つときは、パターンを布にのせてでき上り線を写し、縫い代線をチョークでかいて裁ちますが、縫い代1cm込みのパターンを作って裁ち、縫うときに布端をそろえて縫い代分1cm内側を縫う方法もあります。

### 糸と針とミシンかけについて

糸は丈夫なポリエステル糸の60番、針は10番でしっかり縫います。小さな袋物ならポリエステル糸80番で、針は9番か10番。糸は番号が大きくなるほど細くなり、針は番号が大きくなるほど太くなります。ミシンかけは、ほとんどの縫い代が1cmなので、あらかじめミシン台の針穴から右に1cmのところにテープをはり、布端をテープ端に合わせて縫うと、でき上りの印がなくても1cmの縫い代で縫うことができます。縫い始めと縫い終りの返し縫いは、縫い目がずれたり、糸がつれたりしてきれいに縫えないことがあり、心配なら返し縫いはしなくても大丈夫ですが、その場合、糸端は結んでおきます。縫い代が厚くて針が進まないときなどは、押さえ金を上げ、一針一針縫うように、ゆっくりと手で押してみてください。

### ファスナーについて

ファスナーはエレメント部分が樹脂製で薄いものを使用します。薄地なので布になじみやすく、はさみで切ることができるため、自由に長さが調整でき、止めはミシンで返し縫いをします。

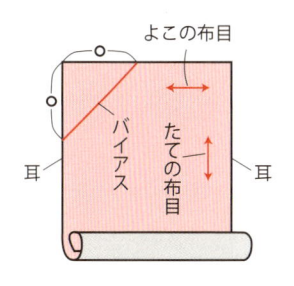

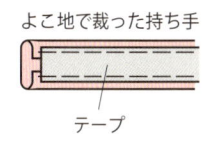

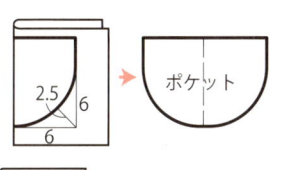

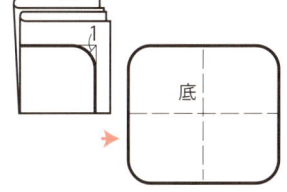

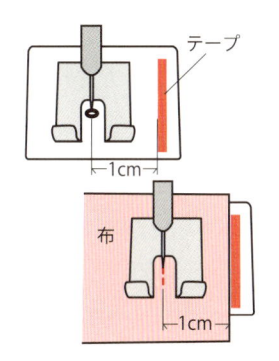

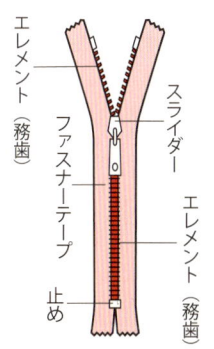

入園、入学の準備のために

# レッスンバッグ a-1

底にまちをつける

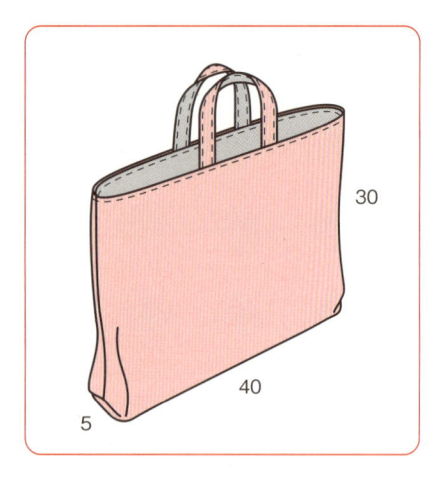

## ●材料
表布……55×80cm
裏布……55×80cm

## ●サイズと裁ち方（表布、裏布共通）

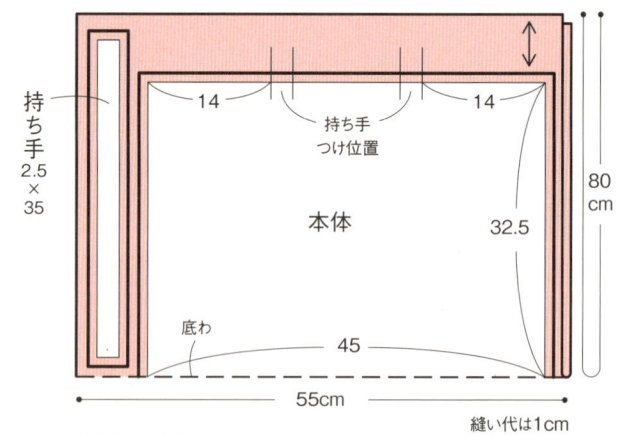

持ち手 2.5×35
持ち手つけ位置
14　14
本体
32.5
底わ　45
80cm
55cm
縫い代は1cm

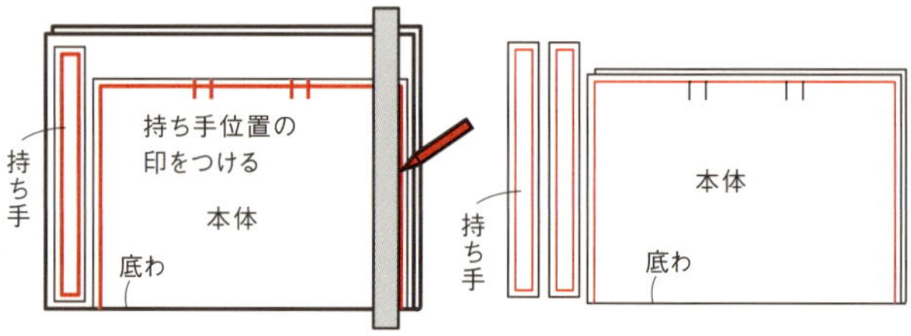

印をかいて布を切る
持ち手位置の印をつける
本体
持ち手
底わ

**1** 持ち手を2本作る ▶p.19-E参照

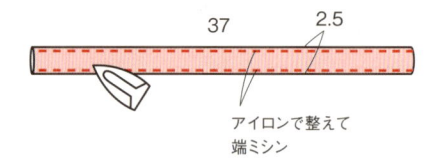

37　2.5
アイロンで整えて端ミシン

**2** 表と裏の脇をそれぞれ縫う

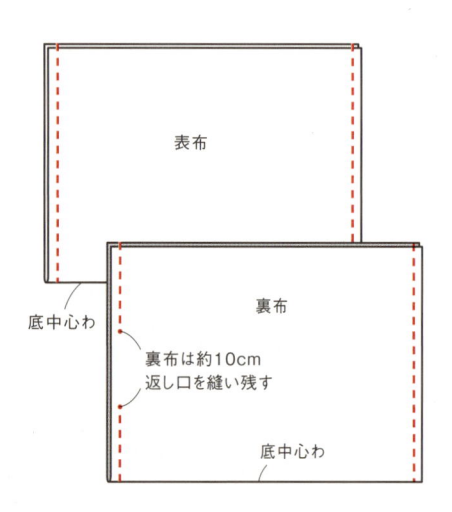

表布
裏布
底中心わ
裏布は約10cm返し口を縫い残す
底中心わ

共通

**3** 表と裏のまちをそれぞれ縫う

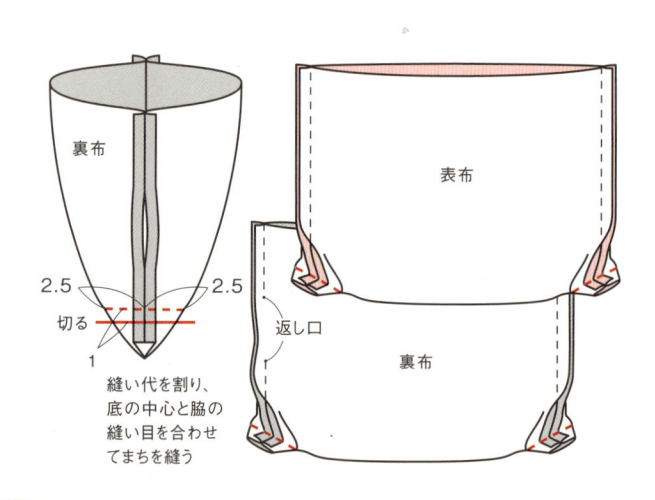

裏布
2.5　2.5
切る
縫い代を割り、底の中心と脇の縫い目を合わせてまちを縫う

表布
返し口
裏布

## 4 表袋に持ち手を仮どめする

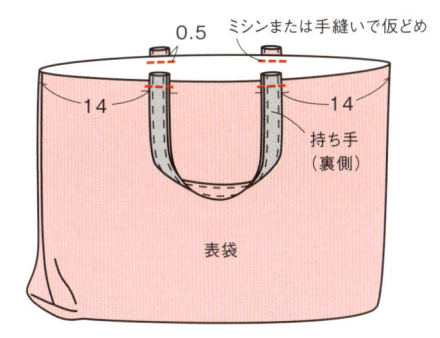

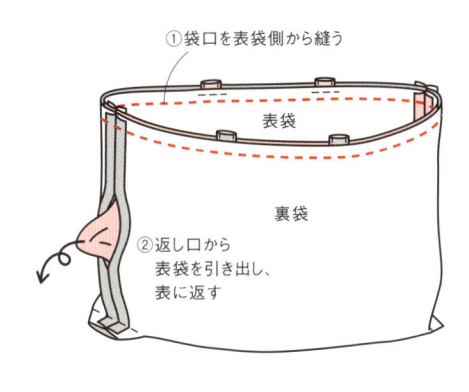

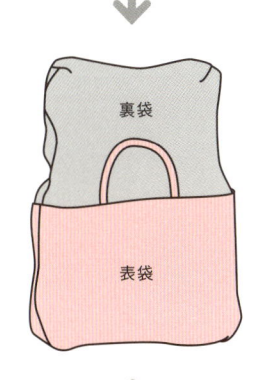

0.5
ミシンまたは手縫いで仮どめ
14　14
持ち手（裏側）
表袋

## 5 表袋と裏袋を中表に合わせる

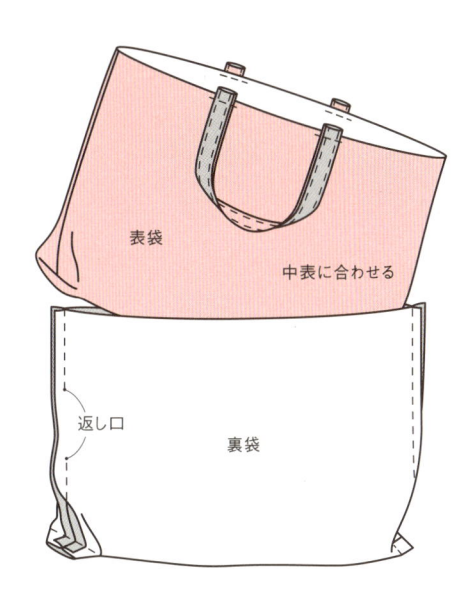

表袋
中表に合わせる
返し口
裏袋

### 共通

## 6 袋口を合わせて縫い、裏袋の返し口から表に返す

①袋口を表袋側から縫う
表袋
裏袋
②返し口から表袋を引き出し、表に返す

裏袋
表袋

裏袋を入れる

## 7 縫い目をアイロンで整え、表袋側からミシンをかける

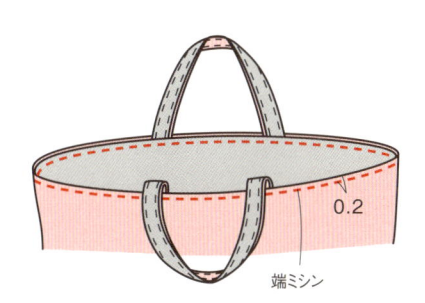

0.2
端ミシン

### 共通

## 8 裏袋の返し口を縫いとじる

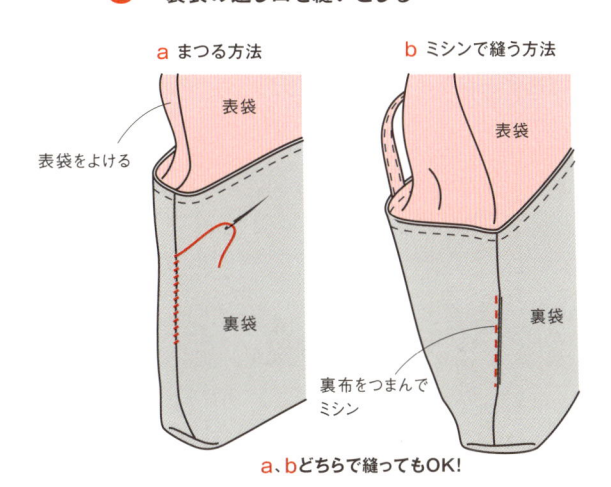

a まつる方法
表袋
表袋をよける
裏袋

b ミシンで縫う方法
表袋
裏袋
裏布をつまんでミシン

a、bどちらで縫ってもOK！

15

入園、入学の準備のために

# レッスンバッグ a-2

袋口に切替え線を入れる

## ●サイズと裁ち方

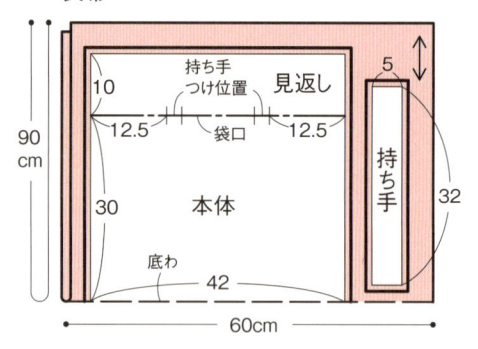

表布

- 90cm × 60cm
- 持ち手つけ位置 10、12.5、袋口、12.5
- 見返し 5
- 本体 30
- 底わ 42
- 持ち手 32

裏布

- 70cm × 50cm
- 本体 30
- 底わ 42

縫い代は1cm

### ●材料
表布……60×90cm
裏布……50×70cm

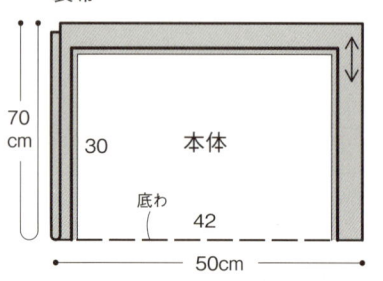

## 1 持ち手を2本作る ▶p.19-D参照

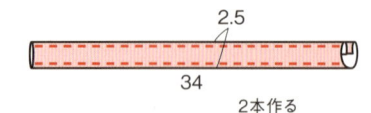

2.5 / 34 / 2本作る

## 2 表布に持ち手を仮どめして裏布をつける

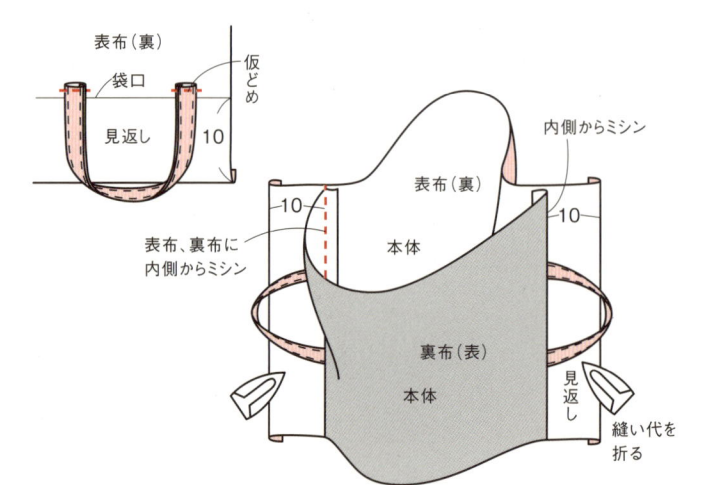

表布(裏)、袋口、仮どめ、見返し 10
表布、裏布に内側からミシン
内側からミシン
表布(裏) 本体
裏布(表) 本体
見返し
縫い代を折る

## 3 裏布をよけて見返しをとめる

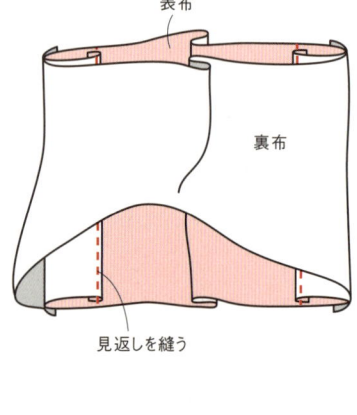

表布
裏布
見返しを縫う

**4** 表布と裏布の脇を続けて縫う

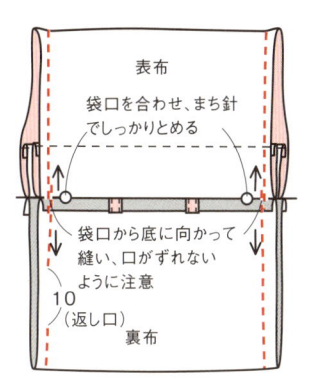

表布
袋口を合わせ、まち針でしっかりとめる
袋口から底に向かって縫い、口がずれないように注意
10（返し口）
裏布

**5** 返し口から表に返す

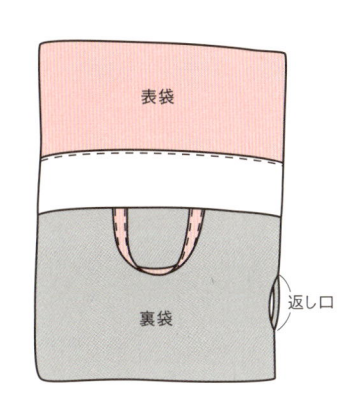

表袋
裏袋
返し口

**6** 裏袋を表袋に入れ、袋口を整えてステッチ

**7** 返し口を縫う ▶p.15-8参照

●袋口に別布を使う場合

●サイズと裁ち方

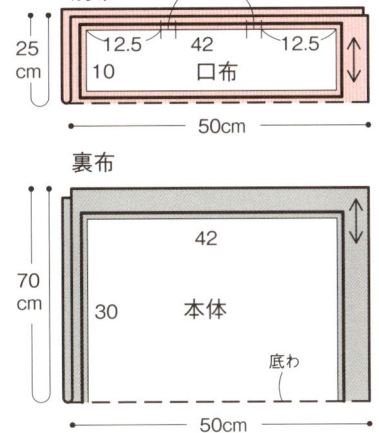

別布　持ち手つけ位置
25cm
12.5　42　12.5
10　口布
50cm

裏布
70cm
42
30　本体
底わ
50cm

表布
70cm
5
42
20　本体
持ち手　32
底わ
60cm
縫い代は1cm

**1** 口布と本体を縫う

口布
別布（裏）口布
表布（表）本体
縫い代を口布側に倒し、表から押さえのステッチ

**2** 表と裏の脇をそれぞれ縫う

裏布
10縫い残す（返し口）

**3** 表袋と裏袋を中表に合わせて袋口を縫う ▶p.15-4～6参照

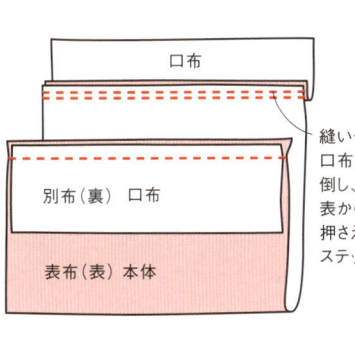

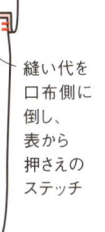

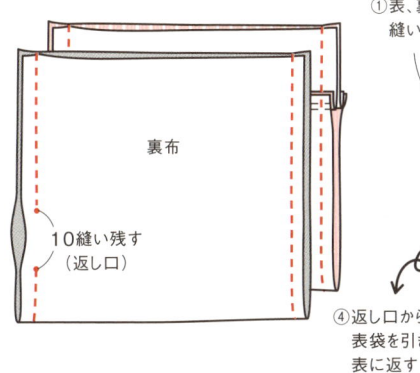

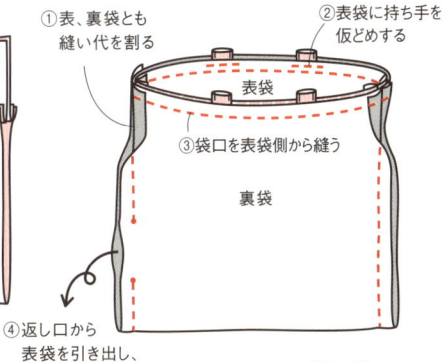

①表、裏袋とも縫い代を割る
②表袋に持ち手を仮どめする
表袋
③袋口を表袋側から縫う
裏袋
④返し口から表袋を引き出し、表に返す

あとはp.15の**7**～**8**を参照

入園、入学の準備のために

# レッスンバッグ a-3

前にアウトポケットをつける

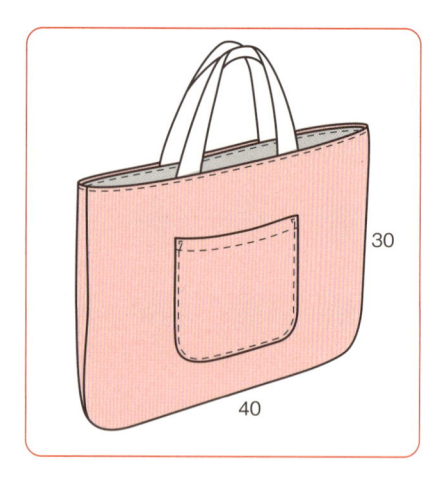

● 本体、ポケットのパターン

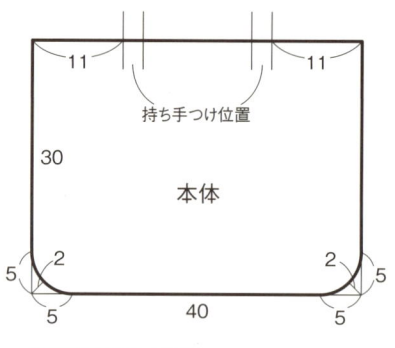

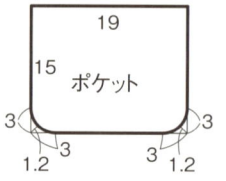

● 裁ち方

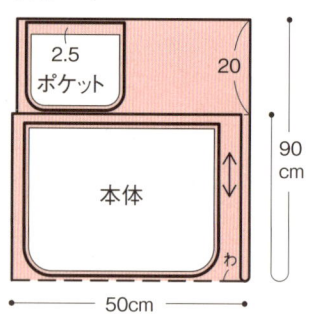

表布

裏布

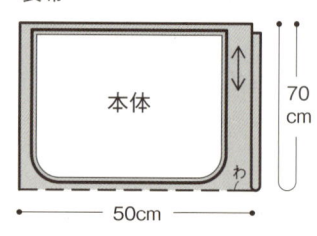

指定以外の縫い代は1cm

● 材料

表布……50×90cm
裏布……50×70cm
厚手の綿テープ(持ち手用)……2.5cm幅を70cm
*持ち手はp.19を参考に表布で作ってもいい

● 準備

綿テープは半分に切る

## 共通

**1** ポケットを作ってつける

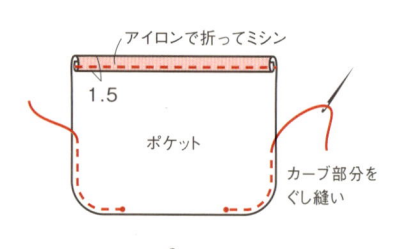

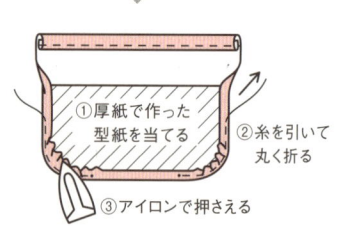

アイロンで折ってミシン

カーブ部分をぐし縫い

①厚紙で作った型紙を当てる
②糸を引いて丸く折る
③アイロンで押さえる

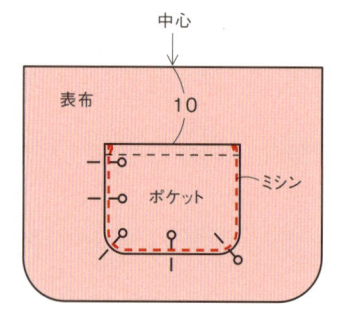

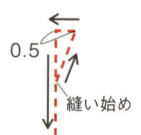

中心

表布
ポケット
ミシン

縫い始め

**2** 表布、裏布をそれぞれ中表にして縫う

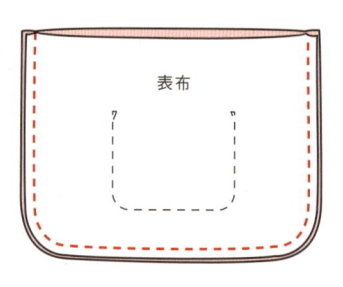

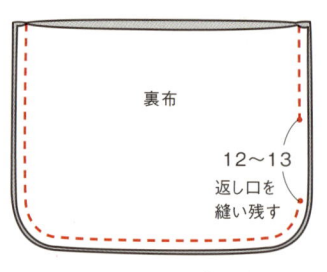

表布

裏布

12～13 返し口を縫い残す

## 3 表袋に持ち手を仮どめする

しつけ
表袋

## 4 表袋と裏袋を中表に合わせ、袋口を縫う ▶p.15-6参照

表袋
① 表、裏袋とも縫い代を割る
② 袋口を表袋側から縫う
裏袋
③ 返し口から表袋を出し、表に返す

## 5 袋口に表袋側からステッチをかける ▶p.15-7、8参照

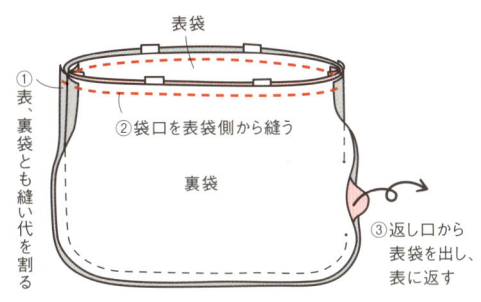

0.5
ステッチ

★裏袋の返し口を縫いとじる

---

### 共通

## ひもの作り方

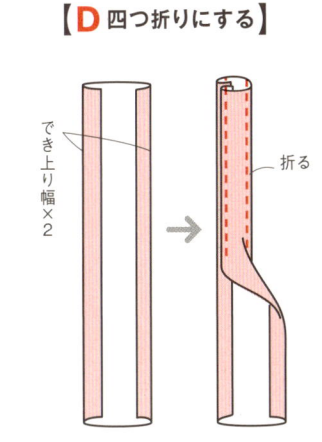

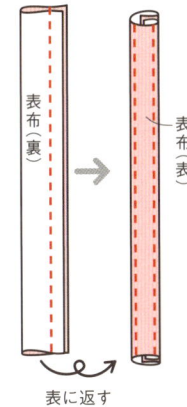

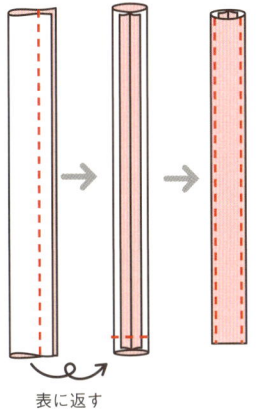

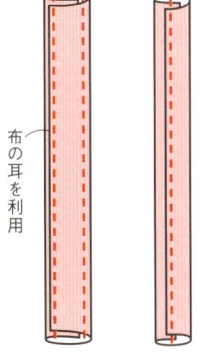

【A 縫い代を片返し】
表布（裏） → 表布（表）
表に返す

【B 縫い代を割る】
表に返す

【C 三つ折りにする】
布の耳を利用

【D 四つ折りにする】
でき上り幅×2
折る

【E 2枚を縫い合わせる】
でき上り幅
表に返す

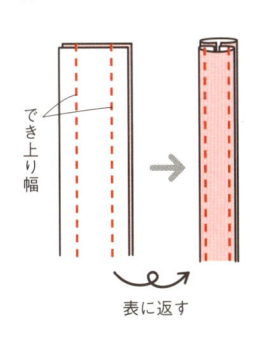

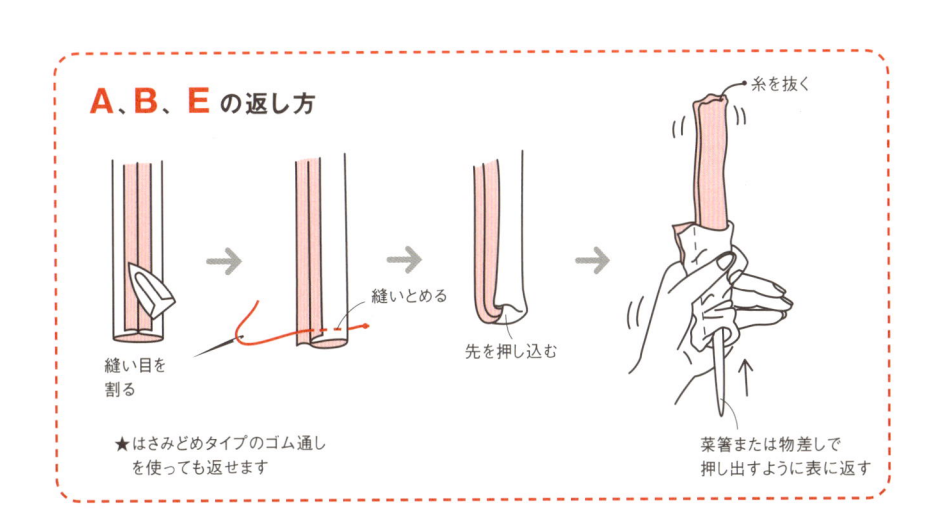

### A、B、Eの返し方

縫い目を割る → 縫いとめる → 先を押し込む → 糸を抜く

菜箸または物差しで押し出すように表に返す

★はさみどめタイプのゴム通しを使っても返せます

入園、入学の準備のために

# レッスンバッグ a-4

リコーダーバッグにも

## ●サイズと裁ち方（表布、裏布共通）

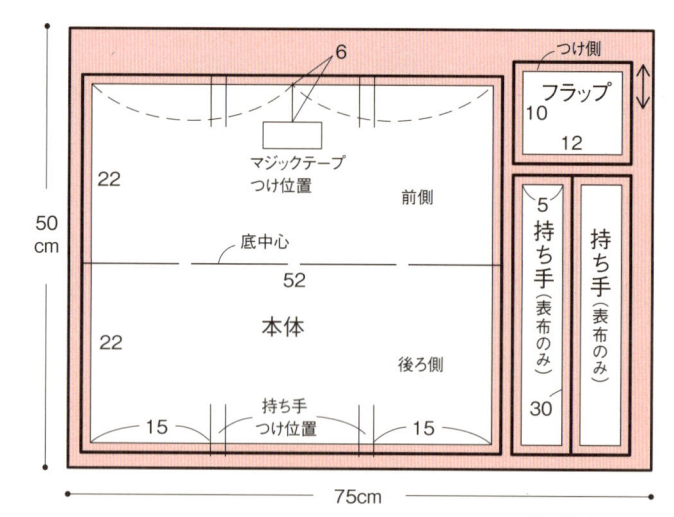

- フラップ つけ側 10 × 12
- 持ち手（表布のみ）5 × 30
- 持ち手（表布のみ）
- 本体：22 / 50cm / 22、52、75cm
- マジックテープつけ位置 6
- 前側／後ろ側
- 底中心
- 持ち手つけ位置 15、15
- 縫い代は1cm

バッグ寸法：19.5 / 47 / 5

### ●材料
- 表布……75×50cm
- 裏布……75×50cm
- マジックテープ……2cm幅を6cm

## 1 持ち手を2本作る ▶ p.19-D参照

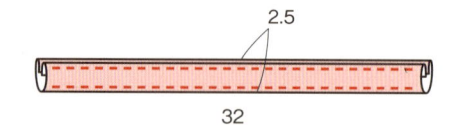

2.5 / 32

### 共通

## 2 フラップを作る

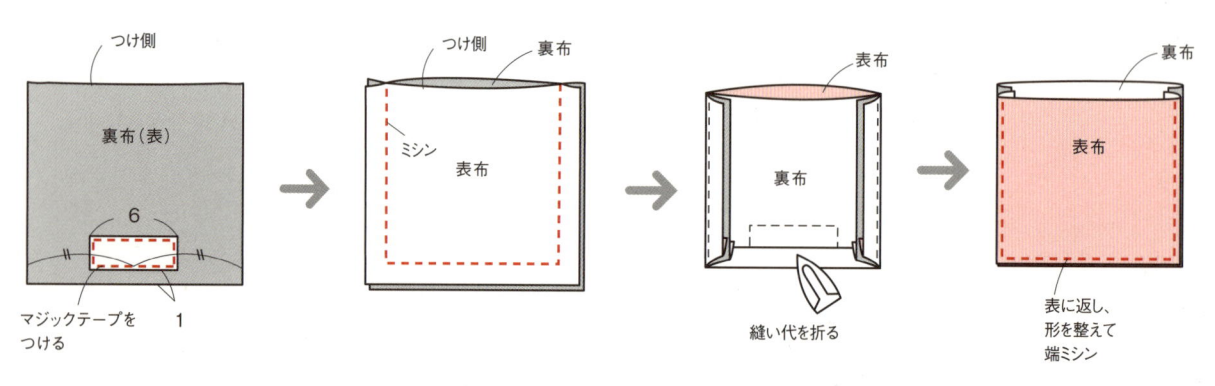

裏布（表）／マジックテープをつける／6／1

つけ側／裏布／ミシン／表布

表布／裏布／縫い代を折る

表布／裏布／表に返し、形を整えて端ミシン

## 3 表、裏布ともそれぞれ脇を縫ってまちを縫う
▶p.14-3参照

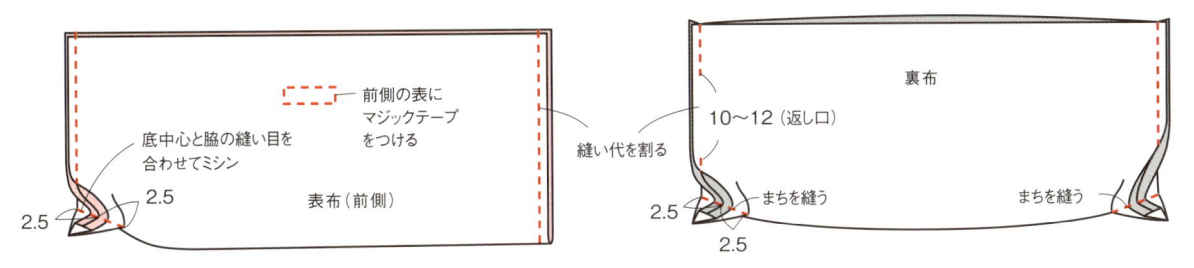

- 底中心と脇の縫い目を合わせてミシン
- 2.5
- 2.5
- 前側の表にマジックテープをつける
- 表布（前側）
- 縫い代を割る
- 裏布
- 10～12（返し口）
- 2.5
- 2.5
- まちを縫う
- まちを縫う

## 4 表袋に持ち手とフラップを仮どめする

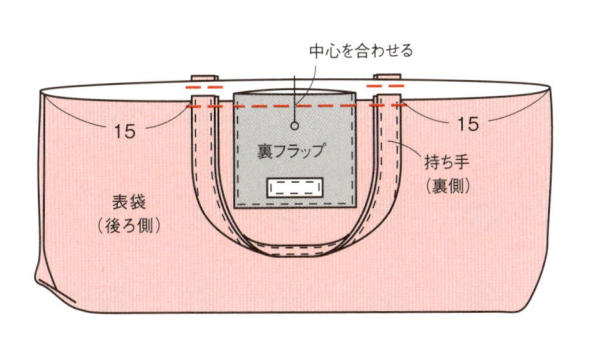

- 中心を合わせる
- 15
- 15
- 裏フラップ
- 持ち手（裏側）
- 表袋（後ろ側）

## 5 表袋と裏袋を中表に合わせる

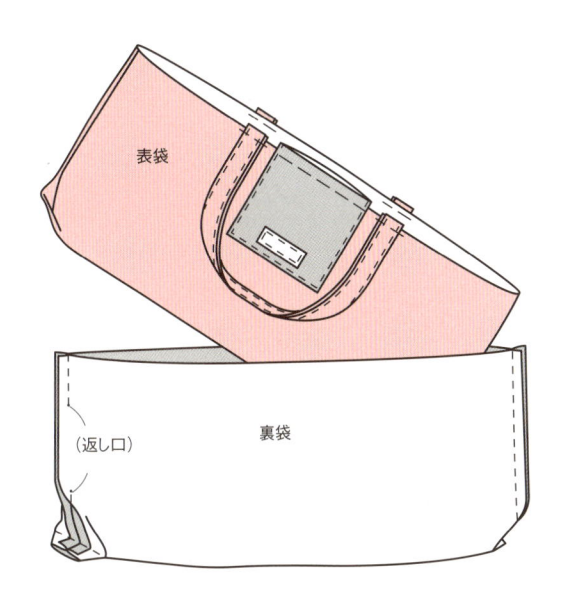

- 表袋
- 裏袋
- （返し口）

## 6 袋口を縫い、表に返す ▶p.15-6参照

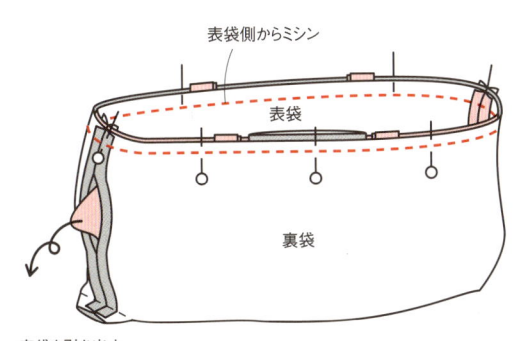

- 表袋側からミシン
- 表袋
- 裏袋
- 表袋を引き出す

## 7 袋口にステッチをかけ、返し口を縫う
▶p.15-7、8参照

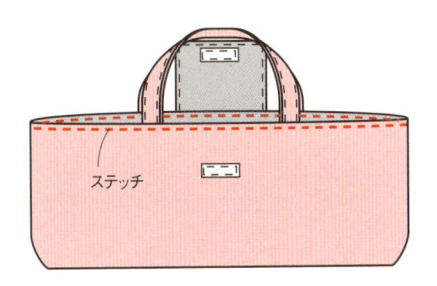

- ステッチ

入園、入学の準備のために

# シューズ袋 b-1〜4

同じ形で四つのバリエーション

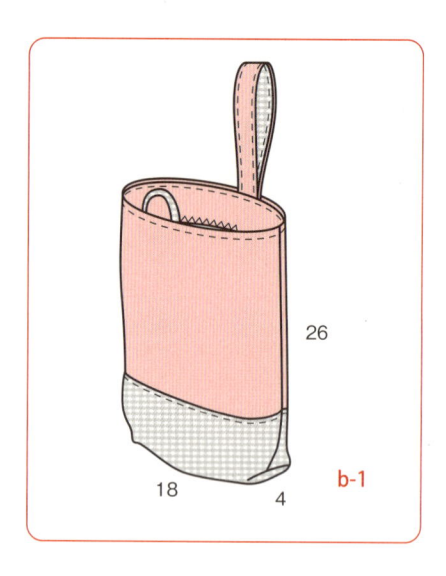

b-1

26
18　4

## ● 材料

表布……45×60cm
別布……30×30cm

## ● サイズと裁ち方

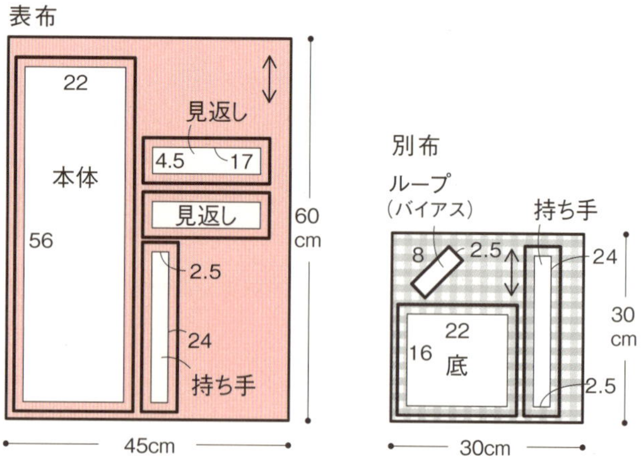

### 表布

本体　22　56
見返し　4.5　17
見返し
持ち手　2.5　24
60cm
45cm

### 別布

ループ（バイアス）　8　2.5
持ち手　24
底　22　16
30cm
30
2.5

縫い代は1cm

## 1 持ち手とループを作る
▶ p.19-E参照

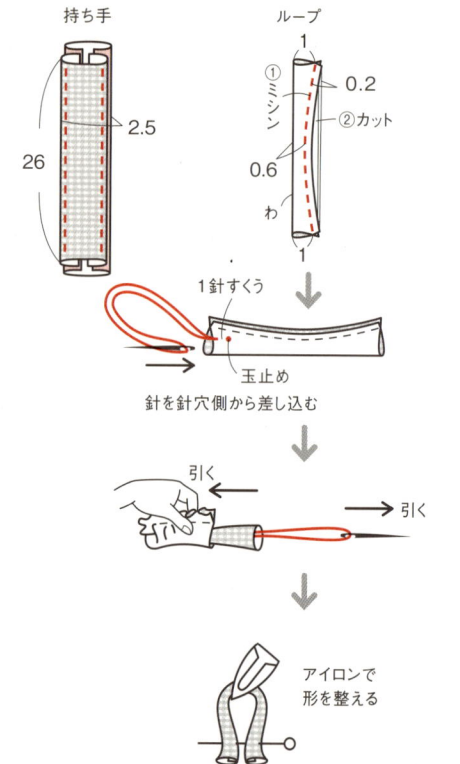

持ち手　26　2.5

ループ
①ミシン　0.2
②カット　0.6
わ
1　1

1針すくう
玉止め
針を針穴側から差し込む

引く　引く

アイロンで形を整える

## 2 底をつけ、持ち手とループを仮どめ

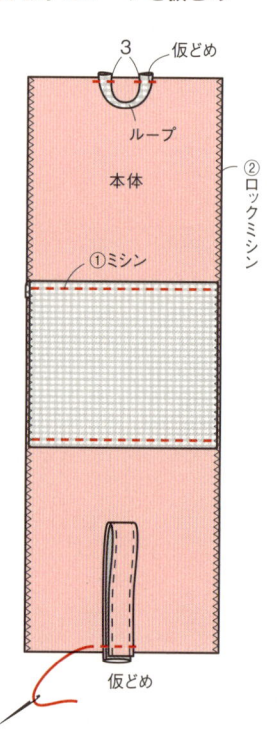

3　仮どめ
ループ
本体
②ロックミシン
①ミシン
仮どめ

## 3 表布を中表に合わせ、脇とまちを縫う

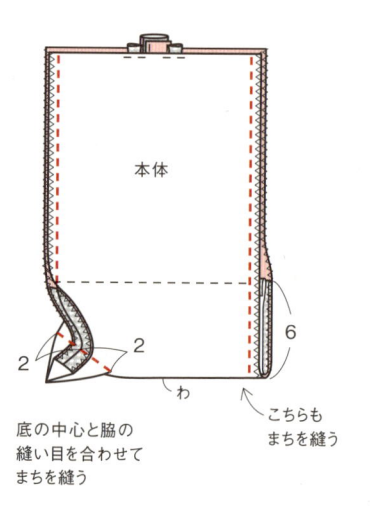

本体
2　2　6
わ

底の中心と脇の縫い目を合わせてまちを縫う

こちらもまちを縫う

### 4 見返しを縫い、袋口につける

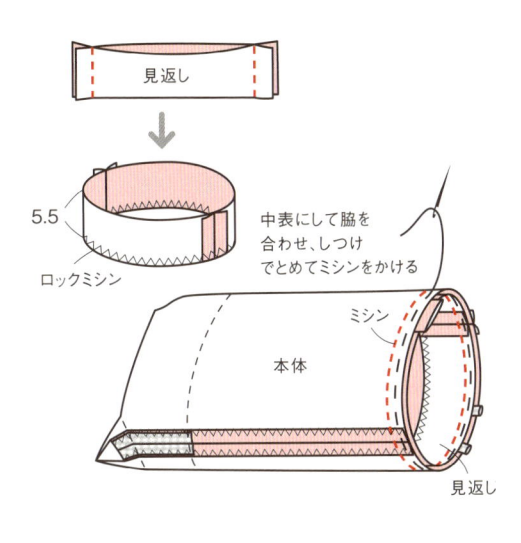

見返し

5.5
ロックミシン

中表にして脇を合わせ、しつけでとめてミシンをかける

ミシン
本体
見返し

### 5 見返しを内側に返す

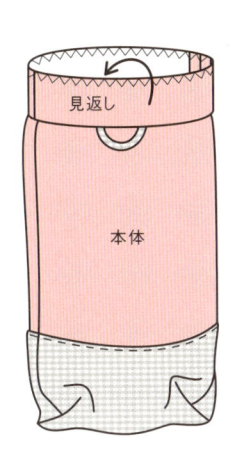

見返し
本体

### 6 袋口を整えて端ミシン

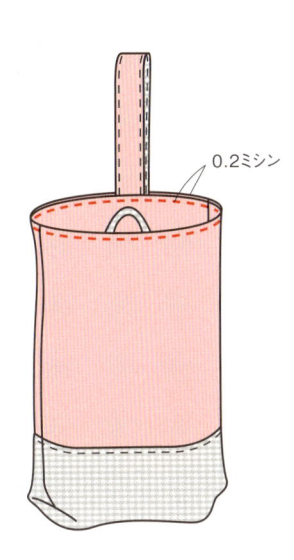

0.2ミシン
本体

## ●デザインのバリエーション

### b-2 別布で口布をつける

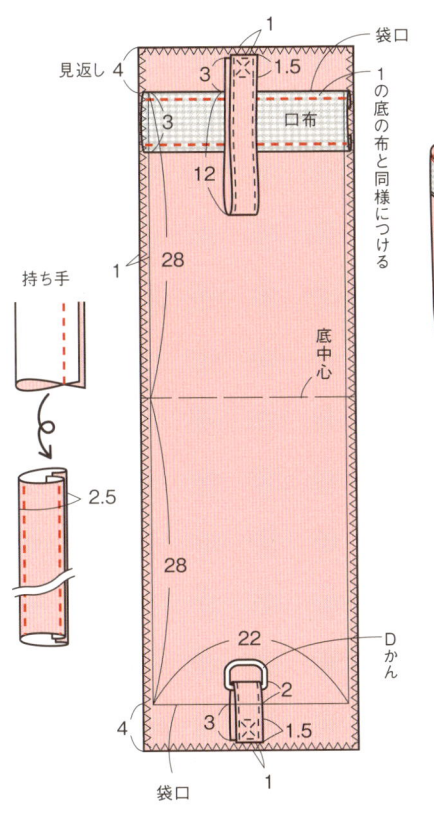

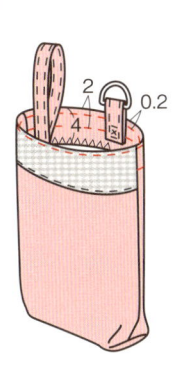

見返し 4
1
3　1.5　袋口
3　口布
12
1の底の布と同様につける
持ち手
1
28
底中心
2.5
28
22
Dかん
4　3　1.5
2
1
袋口

2　0.2
4

### b-3 シンプルにして、裏袋をつける

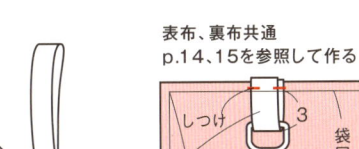

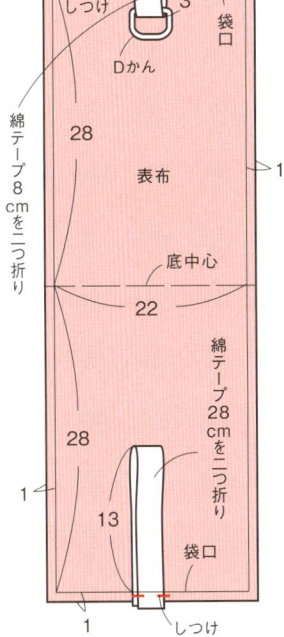

表布、裏布共通
p.14、15を参照して作る

しつけ　3
Dかん　袋口
28
綿テープ8cmを二つ折り
表布
1
底中心
22
綿テープ28cmを二つ折り
28
1
13
1　しつけ　袋口

### b-4 持ち手を変える

4 見返し
袋口
28
底中心わ
22

長さ31
2.3
3
3.5

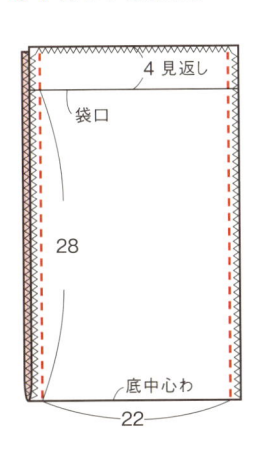

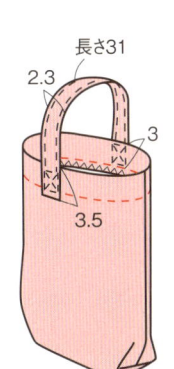

# シューズ袋 b-5

入園、入学の準備のために

前ファスナーあきにする

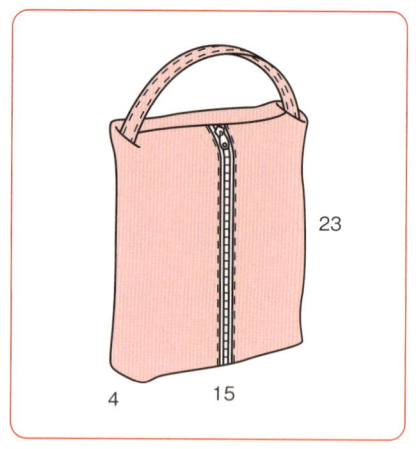

## ● 材料
表布……60×35cm
ファスナー……30cmを1本
（必要な長さにはさみで切る）

## ● 準備
ファスナー位置の縫い代を
でき上がりに折る

## ● サイズと裁ち方

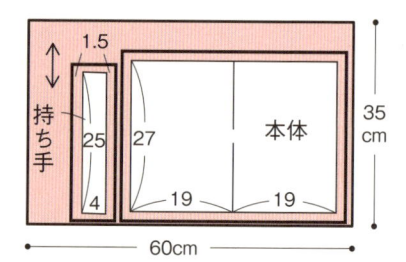

持ち手：1.5 / 25 / 4
本体：27 / 19 / 19
35cm / 60cm
指定以外の縫い代は1cm

共通

### 1 持ち手を作る ▶p.19-D参照
アイロンで四つ折りにして端ミシン
27 / 2

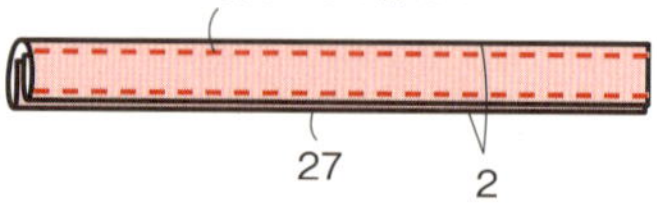

### 2 ファスナーをつける
2
ミシン
ファスナー押さえ
しつけでファスナーをとめる

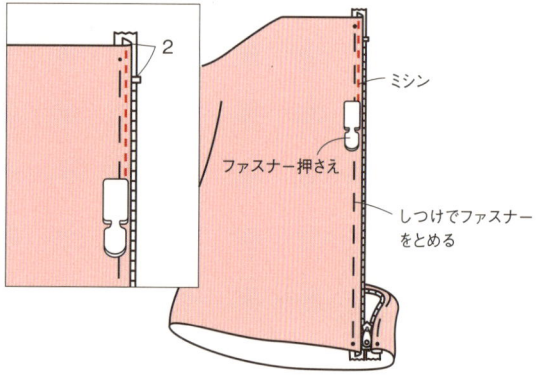

### 3 袋に縫い、縫い代にロックミシンをかける
わ
2
底中心
返し口として少し開けておく
ミシン
わ

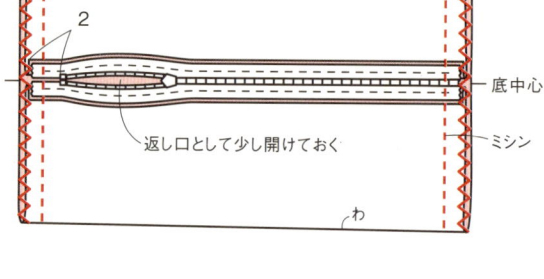

### 4 持ち手を仮どめする
まち縫い目位置
1　1
2　2
本体の上1枚のみにしつけで仮どめする
上側の縫い目
底側の縫い目

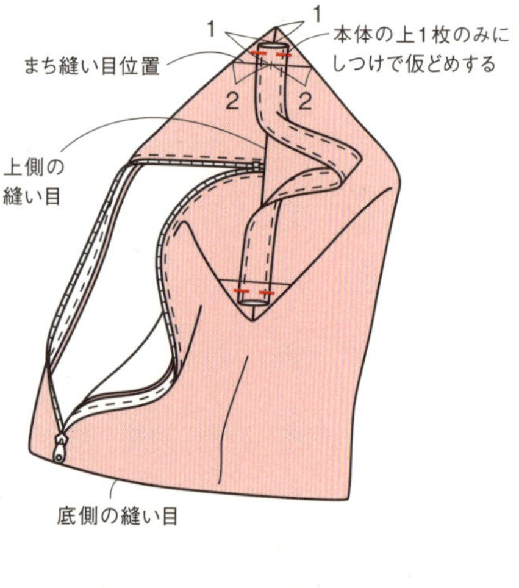

### 5 裏に返してまちを4か所縫う
上側の縫い目と脇を合わせて
角を三角に折ってまちを縫う
2　1
しつけ
2

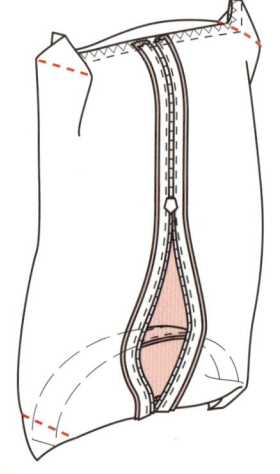

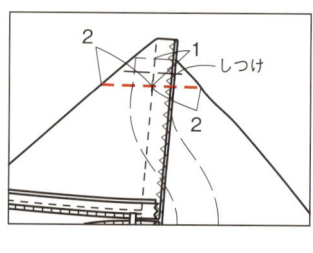

入園、入学の準備のために

# お弁当袋 c-1

長方形の布1枚で作る

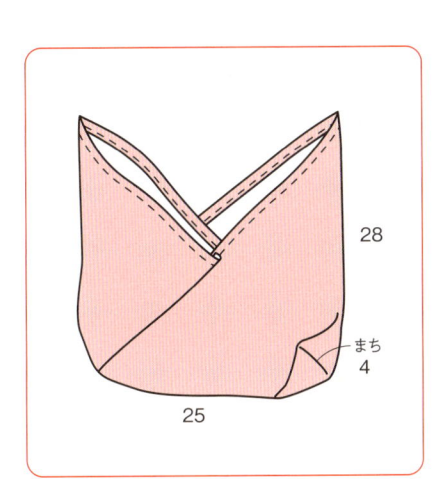

●材料
表布……30×70cm
＊キッチンクロスを利用してもいい

●サイズと裁ち方

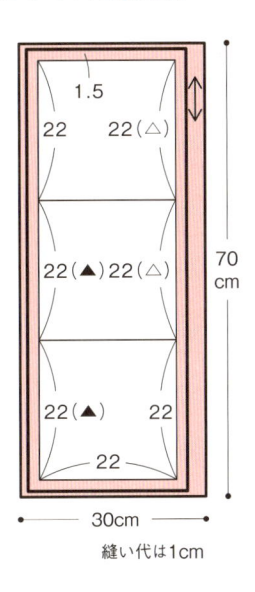

1.5
22　22(△)
22(▲)22(△)
22(▲)22
22
70cm
30cm
縫い代は1cm

28
まち 4
25

**1** 縁を三つ折りで始末する

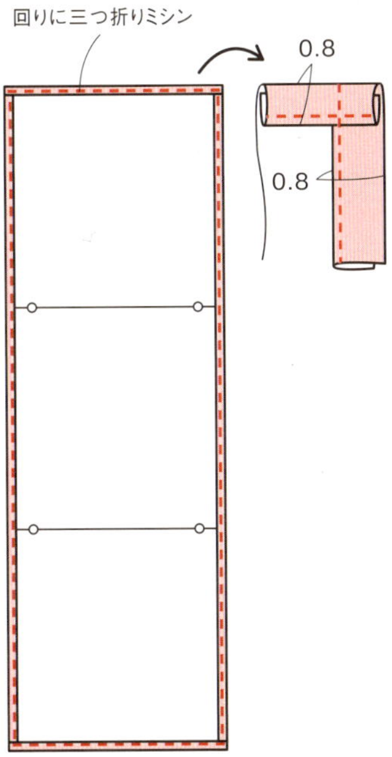

回りに三つ折りミシン
0.8
0.8

**2** △と△を中表に合わせて縫う

△と△

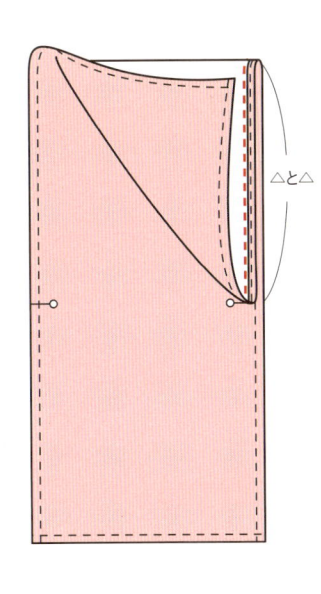

**3** ▲と▲を中表に合わせて縫う

▲と▲
△
わ

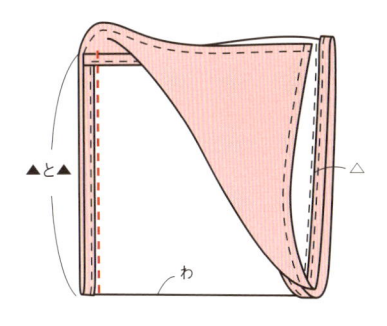

**4** まちを縫って表に返す

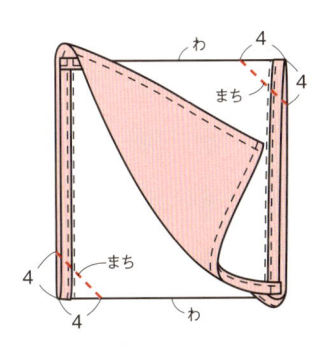

わ　4
まち　4
4　まち
4　わ

入園、入学の準備のために

# お弁当袋 C-2

ボックスタイプに持ち手をつけて

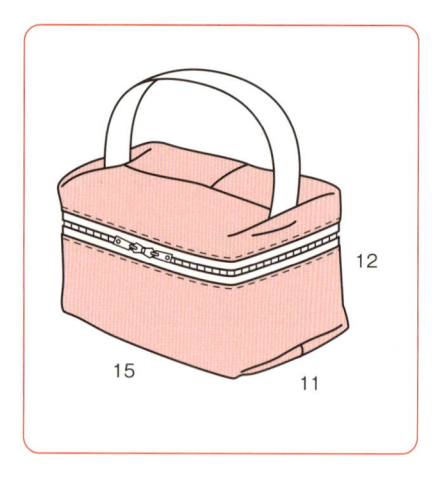

## ● 材料

表布……60×30cm
接着芯……52×3.5cm
ファスナー……30cmを2本
（必要な長さにはさみで切る）
厚手の綿テープ（持ち手用）……2.5cm幅を30cm
＊持ち手はp.19を参考に表布で作ってもいい

## ● サイズと裁ち方

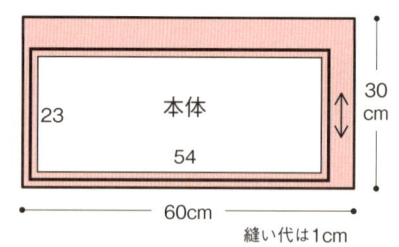

本体 23 / 54 / 60cm / 30cm
縫い代は1cm

## ● 準備

表布の回りをロックミシンで始末する

## 1 ファスナー位置に接着芯をはる

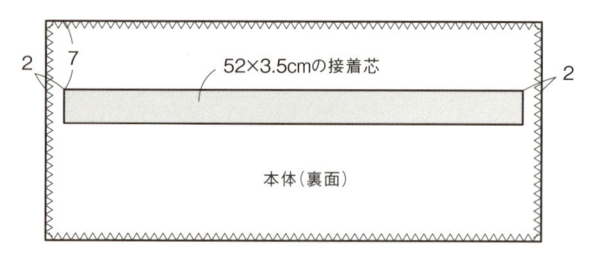

52×3.5cmの接着芯
本体（裏面）
2 / 7 / 2

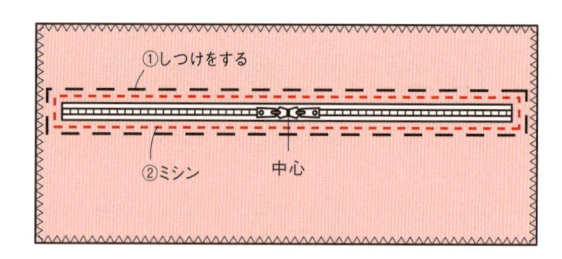

## 2 切込みを入れて縫い代を折る

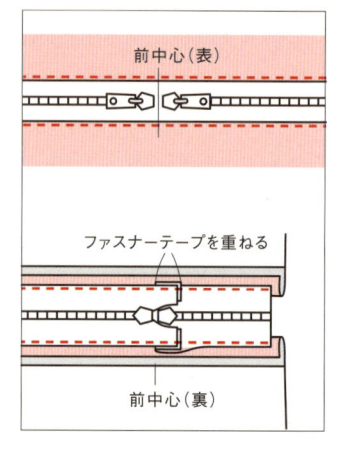

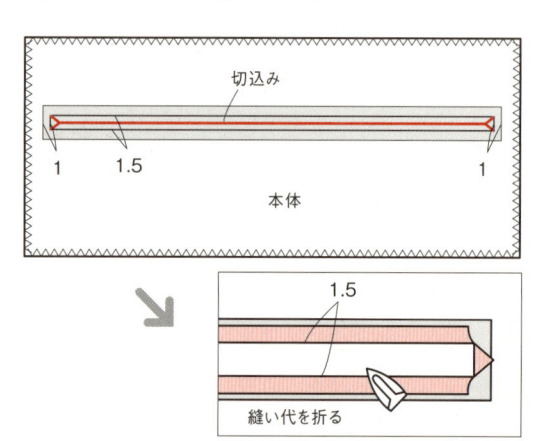

切込み
1　1.5　1
本体

1.5
縫い代を折る

## 3 ファスナーをつける

①しつけをする
②ミシン　中心

前中心（表）
ファスナーテープを重ねる
前中心（裏）

26

## 4 後ろ中心を縫う

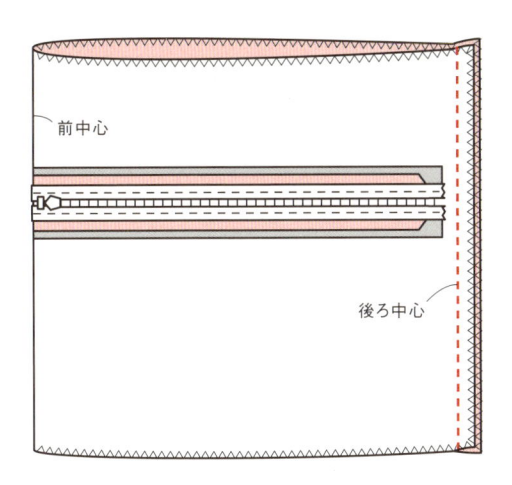

前中心

後ろ中心

## 5 上と下のでき上り線を縫う

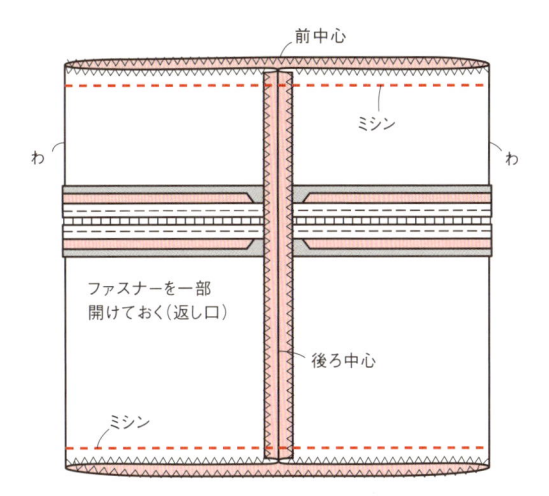

前中心

ミシン

わ

わ

ファスナーを一部開けておく(返し口)

後ろ中心

ミシン

## 6 ふた側は持ち手をはさんでまちを4か所縫う

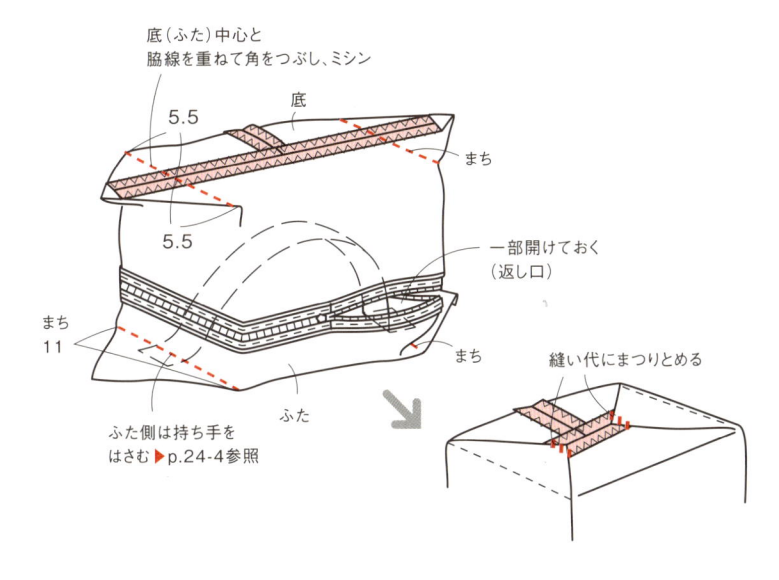

底(ふた)中心と脇線を重ねて角をつぶし、ミシン

5.5

底

まち

5.5

一部開けておく(返し口)

まち 11

ふた

ふた側は持ち手をはさむ ▶p.24-4参照

まち

縫い代にまつりとめる

## 7 ファスナー口から表に返す

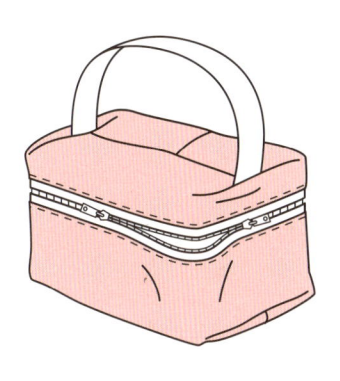

## ●裏布をつける場合

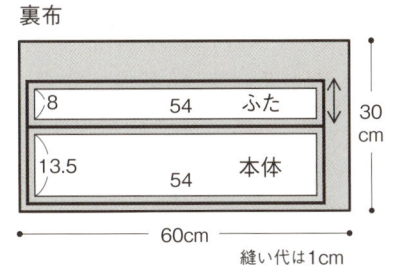

裏布

| 8 | 54 | ふた |
| 13.5 | 54 | 本体 |

30cm

60cm

縫い代は1cm

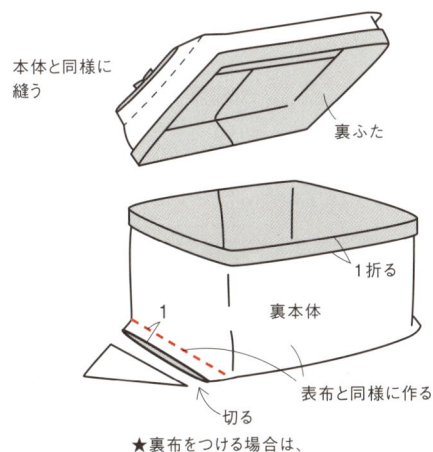

本体と同様に縫う

裏ふた

1折る

裏本体

1

切る

表布と同様に作る

★裏布をつける場合は、表裏ともまちの先を切る

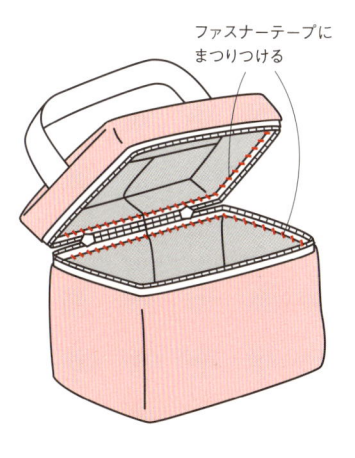

ファスナーテープにまつりつける

入園、入学の準備のために

# お弁当袋 C-3

きんちゃく風に袋口をとじる

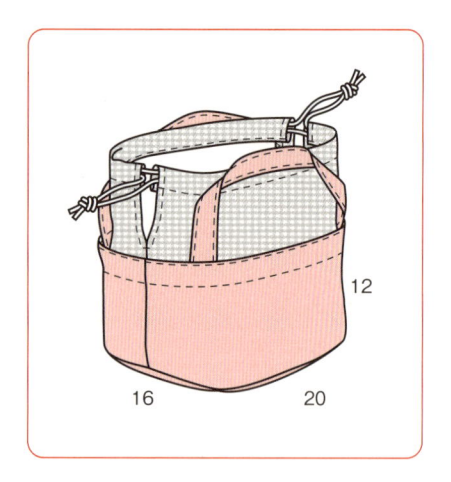

## ●サイズと裁ち方

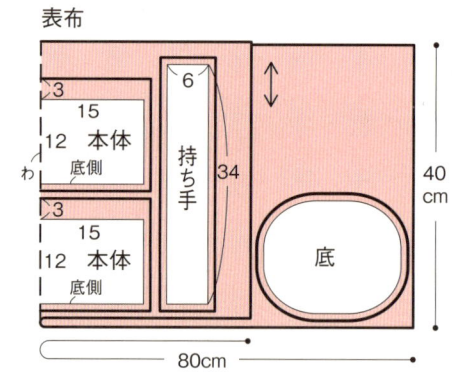

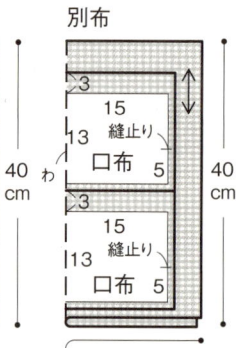

表布
- 本体 15×12（底側）×2
- 持ち手 6×34
- 底
- 80cm × 40cm

別布
- 口布 15×13 縫止り5 ×2
- 40cm × 40cm
- 指定以外の縫い代は1cm

## ●準備

本体と口布の両脇をロックミシンで始末して、袋口を三つ折りにしてアイロンで折り目をつける。丸ひもは半分に切る

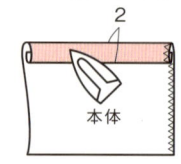

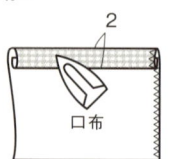

本体 2 / 口布 2

## ●底のパターン

10, 3, 3, 8, 2 わ

## ●材料

- 表布……80×40cm
- 別布……40×40cm
- 丸ひも……太さ0.5cmを1m60cm

完成図：16 × 20、高さ12

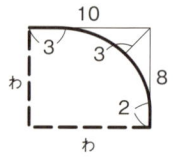

### 1 本体と口布の脇を縫う

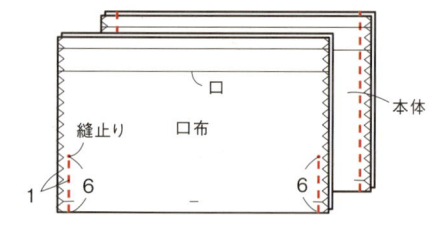

縫止り 1, 6, 6 / 口布 / 本体

### 2 口布を縫い、ひも通し口を作る

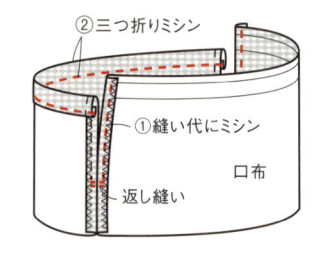

②三つ折りミシン
①縫い代にミシン
返し縫い
口布

### 3 持ち手を作り、口布に仮どめ
▶p.19-D参照

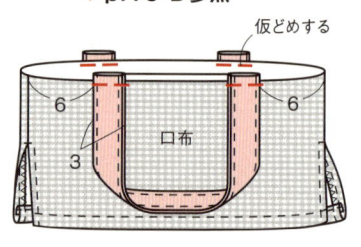

仮どめする
6, 3, 6
口布

### 4 本体と口布を中表に合わせて縫う

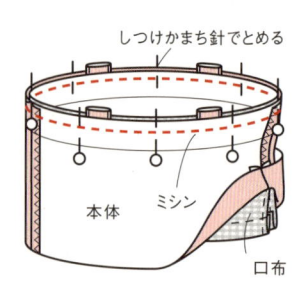

しつけかまち針でとめる
本体 / ミシン / 口布

### 5 本体を内側に返し、袋口にステッチ

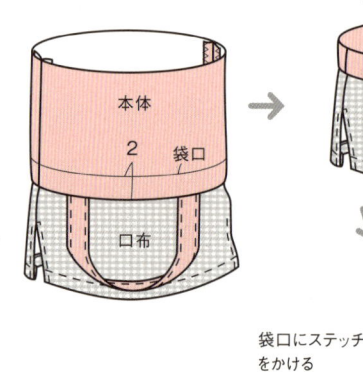

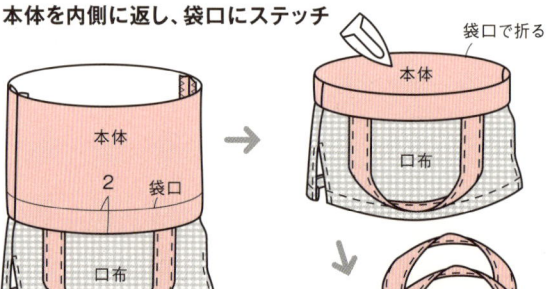

本体 / 袋口 2 / 口布
袋口で折る
袋口にステッチをかける

### 6 本体に底をつけ、ひも通し口にひもを通す

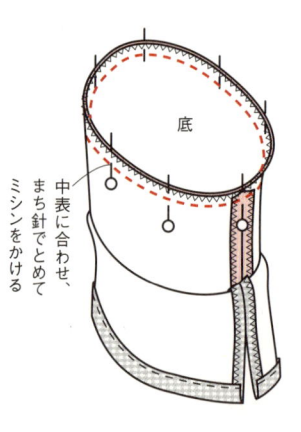

底
中表に合わせ、まち針でとめてミシンをかける

入園、入学の準備のために

# お弁当袋 C-4

ポーチのようなシンプルな袋

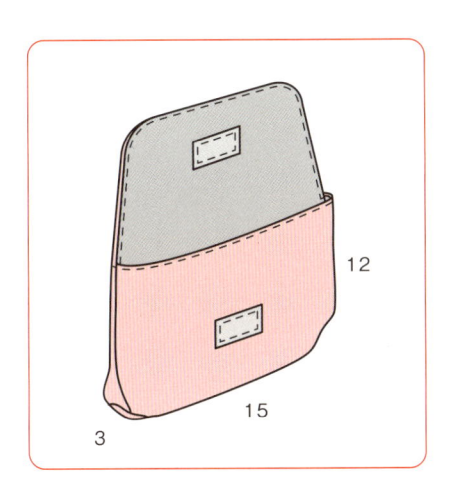

### ●材料
表布……25×40cm
裏布……25×40cm
マジックテープ
　……2cm幅を4cm

### ●本体のパターン

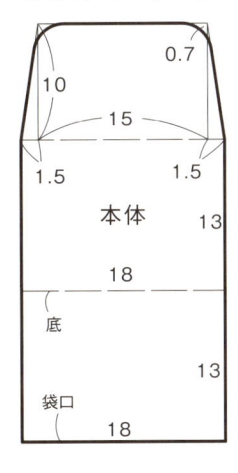

0.7
10
15
1.5　1.5
本体
13
18
底
13
袋口
18

### ●裁ち方（表布、裏布共通）

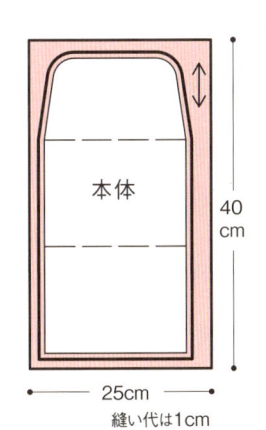

本体
25cm
40cm
縫い代は1cm

完成図：12 / 15 / 3

**1** マジックテープをつける
中心
2.5
4
裏布
表布
5
中心

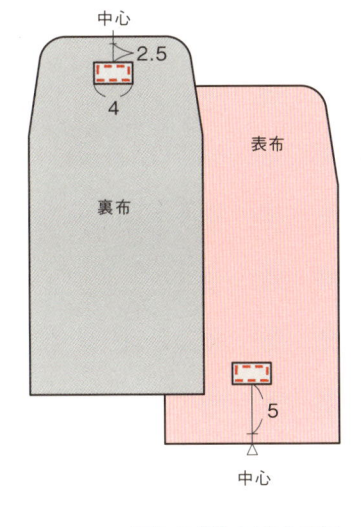

**2** 表布と裏布を中表に合わせて袋口を縫う
裏布
表布
ミシン

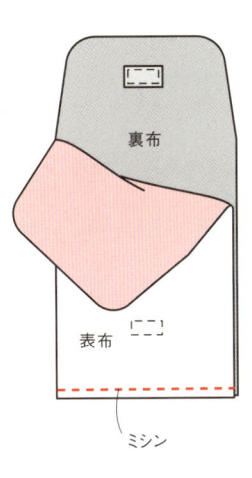

**3** 裏布をよけて、表布の底で中表に折り、片方の脇を縫う
裏布
表布
縫止り
7

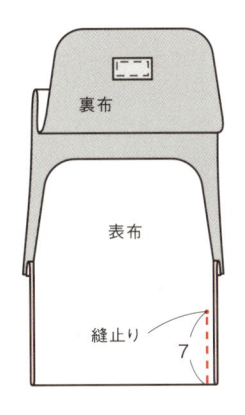

**4** 裏布も中表に折り、表布と裏布を一緒に回りを縫う
表布
縫い始め
返し口

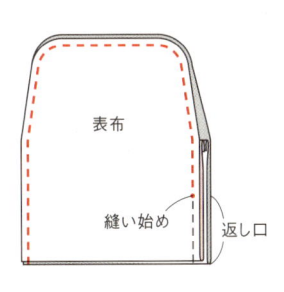

**5** 裏布の返し口から表に返し、返し口をまつる
表布
裏布
返し口はまつる

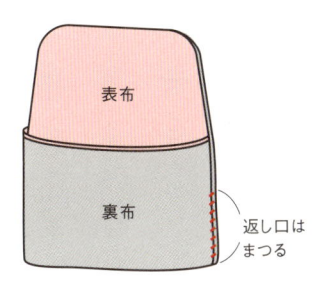

**6** まちを縫う
表布
裏布
ミシン
1.5
1.5
1.5
脇線と底中心を重ねてつぶす

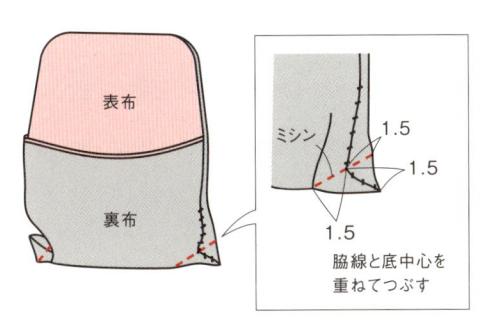

**7** 袋口から続けてフラップにステッチをかける
0.5ステッチ

入園、入学の準備のために

# お弁当袋 C-5

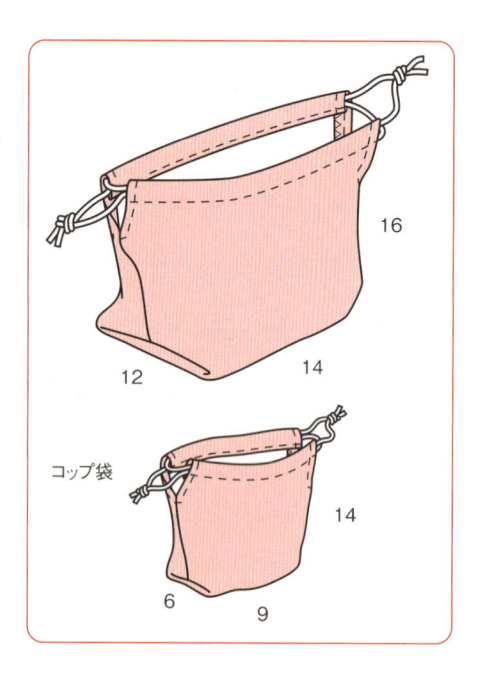

きんちゃく袋

● 材料　（ ）はコップ袋
表布……30×50cm（20×40cm）
丸ひも……太さ0.4cmを1m40cm（1m）

● サイズと裁ち方

お弁当袋

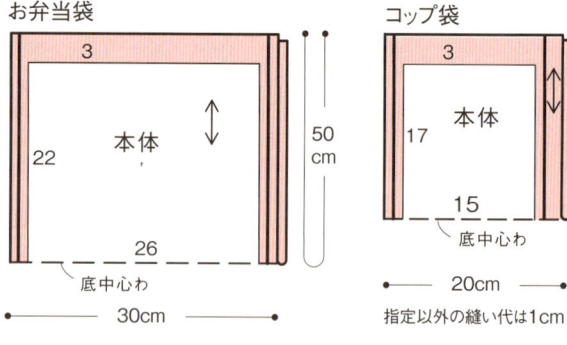

3
本体
22
26
底中心わ
50cm
30cm

コップ袋

3
本体
17
15
底中心わ
40cm
20cm
指定以外の縫い代は1cm

● 準備
両脇をロックミシンで始末し、袋口を三つ折りにしてアイロンで折り目をつける。丸ひもは半分に切る

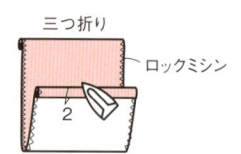

三つ折り
ロックミシン
2

## 1 まち分を折り、脇を縫う

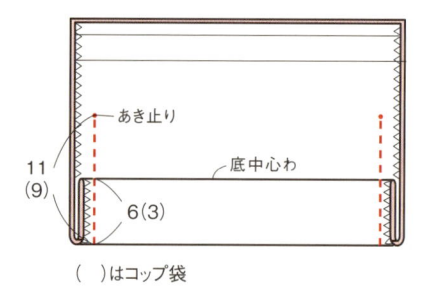

あき止り
底中心わ
11
(9)
6(3)

（ ）はコップ袋

## 2 あき口を始末する

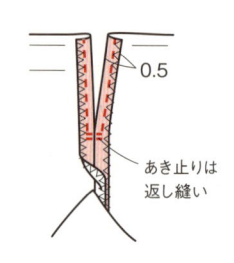

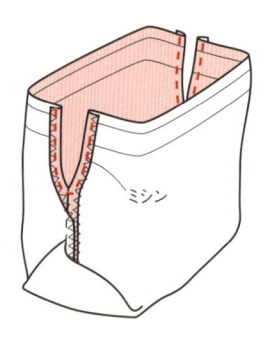

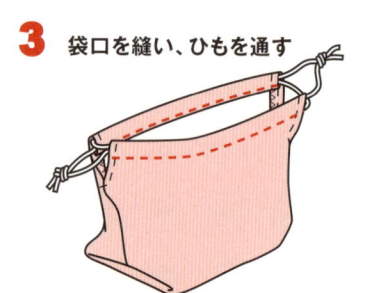

0.5
あき止りは返し縫い
ミシン

## 3 袋口を縫い、ひもを通す

# 入園、入学の準備のために

## お弁当袋 C-6

裏布つきのきんちゃく袋

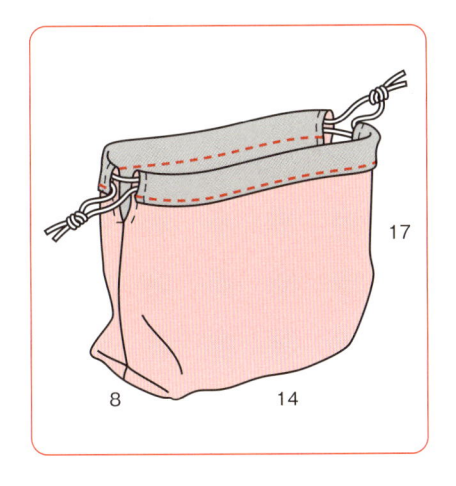

### ●材料
表布……30×55cm
裏布……30×55cm
丸ひも……直径0.5cmを1m60cm

### ●準備
丸ひもは半分に切る

### ●サイズと裁ち方（表布、裏布共通）

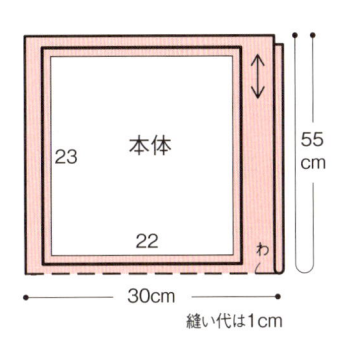

本体　23×22　55cm×30cm　わ
縫い代は1cm

---

**1** 表布、裏布をそれぞれ袋に縫う

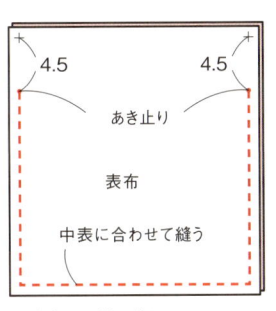

4.5　4.5
あき止り
表布
中表に合わせて縫う
★裏布も同様に縫う

**2** 表袋、裏袋ともまちを縫う ▶p.14-3参照

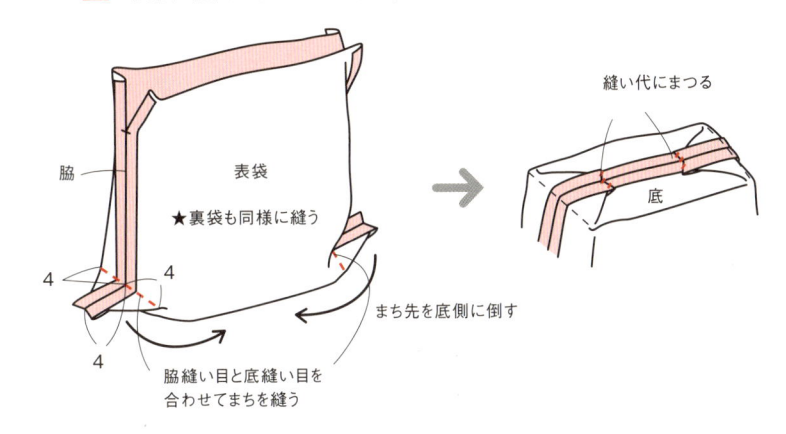

脇
表袋
★裏袋も同様に縫う
4　4
4
脇縫い目と底縫い目を合わせてまちを縫う
まち先を底側に倒す

縫い代にまつる
底

**3** 表袋と裏袋を中表に合わせて口を縫う

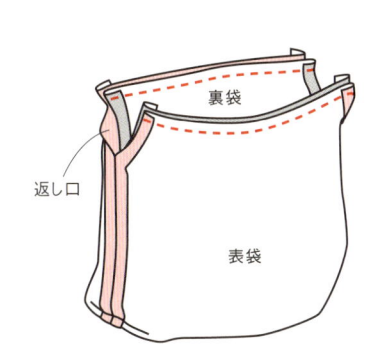

裏袋
返し口
表袋

**4** 返し口から表に返してあきを縫う

①返し口から表に返してアイロンで形を整える
裏袋
②ステッチで返し口をとじる
表袋

**5** 口を表に折り返してミシン

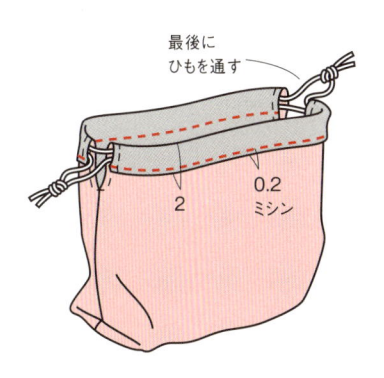

最後にひもを通す
2
0.2
ミシン

入園、入学の準備のために

# 通園バッグd-1

ファスナーあきのボックス形

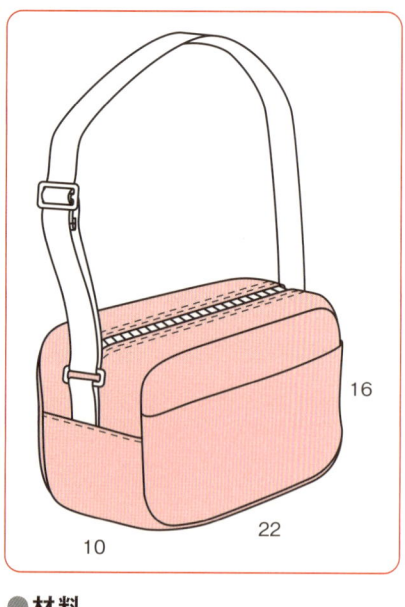

### ●本体とポケットのパターン

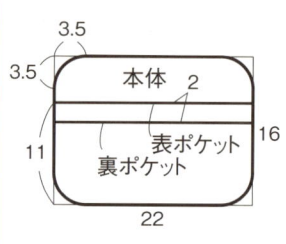

3.5
3.5
本体 2
表ポケット
裏ポケット 16
11
22

### ●サイズと裁ち方

表布

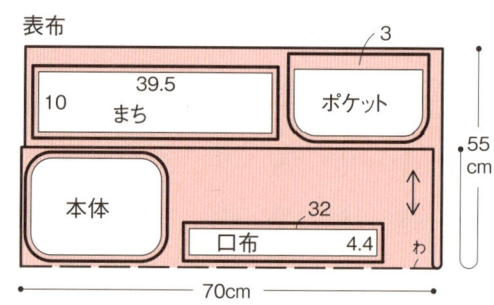

| 10 | 39.5 まち | | 3 ポケット |

本体 / 口布 32 / 4.4

70cm / 55cm / わ

裏布

10 / 39.5 まち / ポケット

本体 / 4.4 口布 32

70cm / 55cm / わ

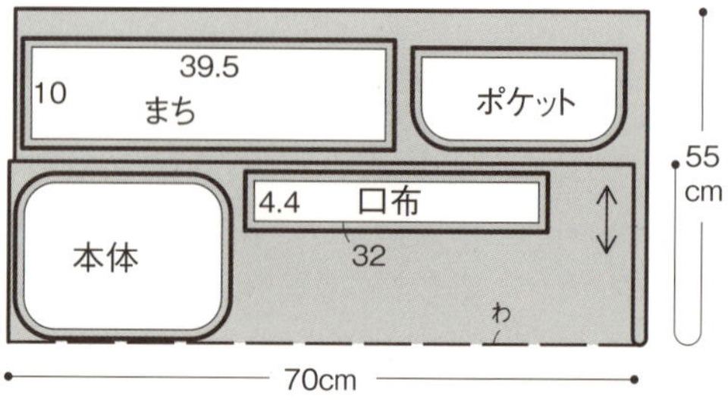

指定以外の縫い代は1cm

16
22
10

### ●材料

表布……70×55cm
裏布……70×55cm
ファスナー……30cmを1本
（必要な長さにはさみで切る）
厚手の綿テープ（肩ひも用）……2.5cm幅を1m25cm
角かん、コキかん……内径2.5cmを各1個

### ●準備

口布の一方の縫い代を
アイロンで折る

## 1 本体にポケットをつける

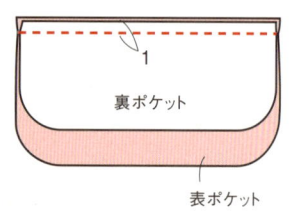

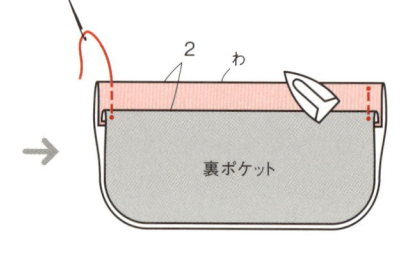

1
裏ポケット
表ポケット

2 わ
裏ポケット

表本体
表ポケット

共通

## 2 肩ひもを作る

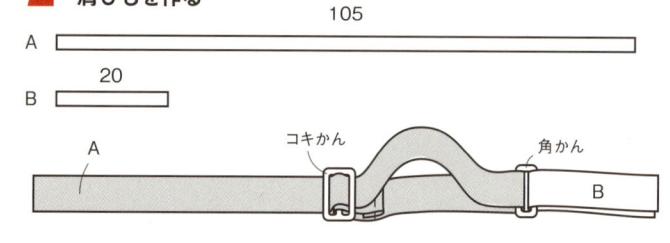

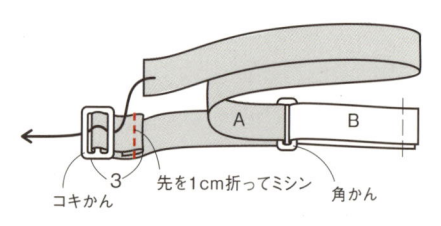

A 105
B 20

A
コキかん
角かん
B

A B
3
コキかん
先を1cm折ってミシン
角かん

32

**共通**

### 3 口布にファスナーをつけて、印をつける

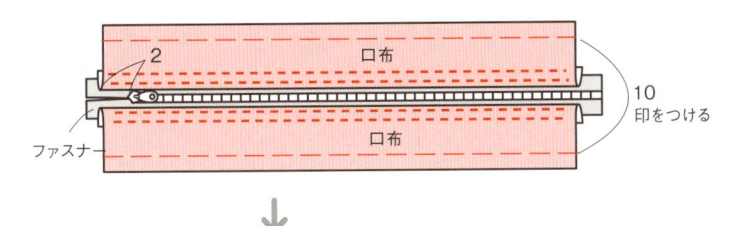

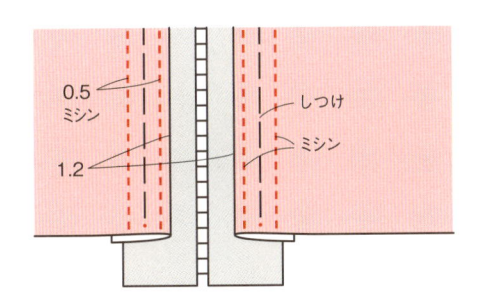

- ファスナー
- 2
- 口布
- 10 印をつける
- 口布

- 0.5 ミシン
- 1.2
- しつけ
- ミシン

### 4 肩ひもをはさんで口布とまちをつなぐ

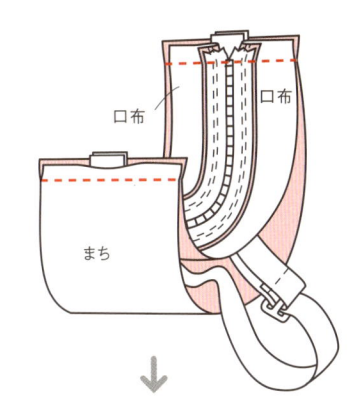

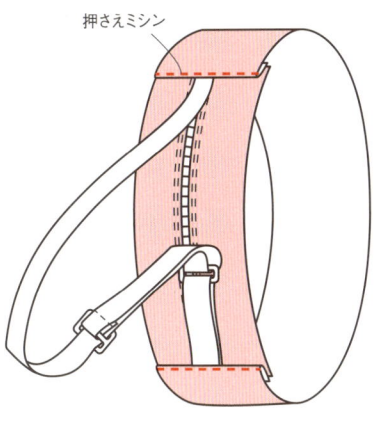

- 口布
- 口布
- まち

押さえミシン

### 5 本体とまち、口布を縫い合わせる

- 本体
- 本体
- まち

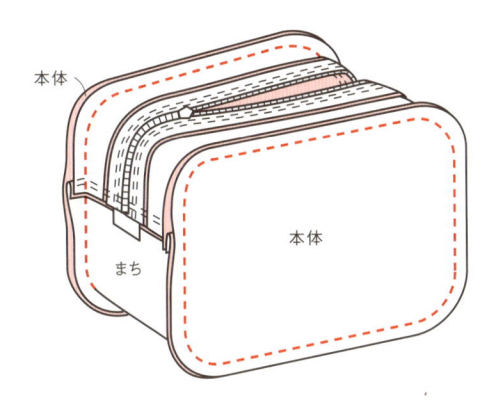

### 6 裏布を同様に縫い、表に返す

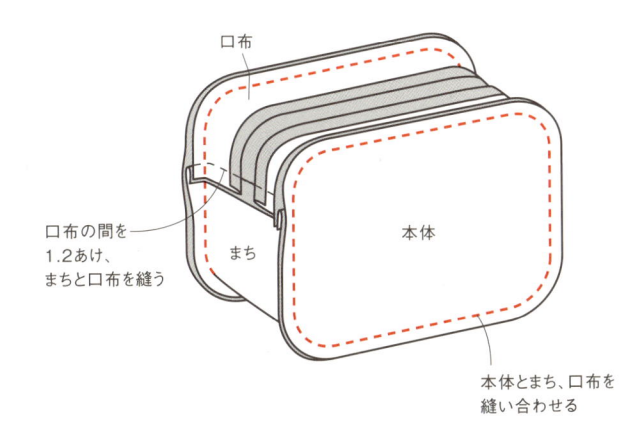

- 口布
- 口布の間を1.2あけ、まちと口布を縫う
- まち
- 本体
- 本体とまち、口布を縫い合わせる

### 7 裏袋を表袋にかぶせ、裏袋をファスナーにまつる

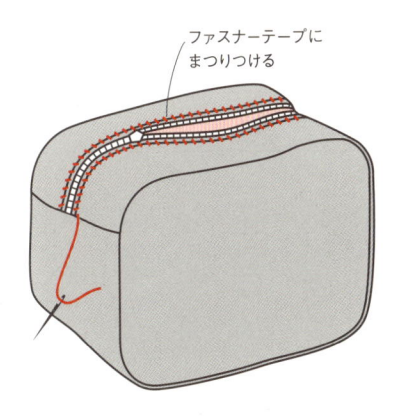

ファスナーテープにまつりつける

入園、入学の準備のために

# 通園バッグ d-2

スタンダードなフラップタイプ

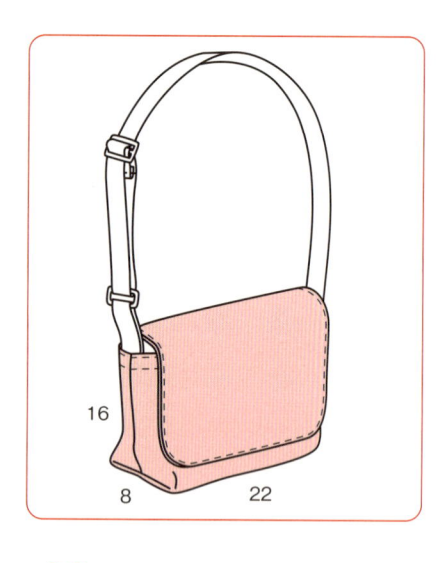

### ● 材料

表布……60×55cm
厚手の綿テープ（肩ひも用）……2.5cm幅を1m30cm
角かん、コキかん……内径2.5cmを各1個
マジックテープ……2.5cm幅を8cm

### ● サイズと裁ち方

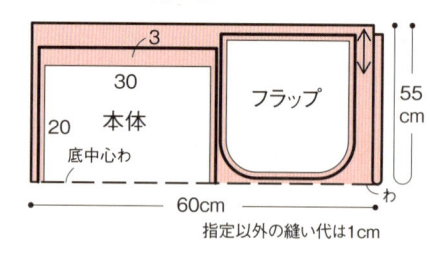

3
30
20 本体
底中心わ
55cm
フラップ
わ
60cm
指定以外の縫い代は1cm

### ● フラップのパターン

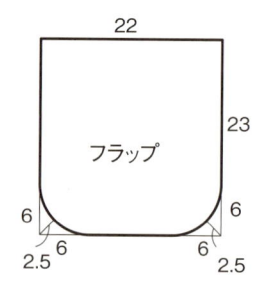

22
23
6　　6
6　　6
2.5　　2.5
フラップ

### ● 準備

本体の両脇をロックミシンで始末して、袋口はでき上がりに三つ折りにして、折り目をつける

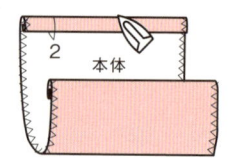

2
本体

16
8　　22

共通

## 1 フラップを作る

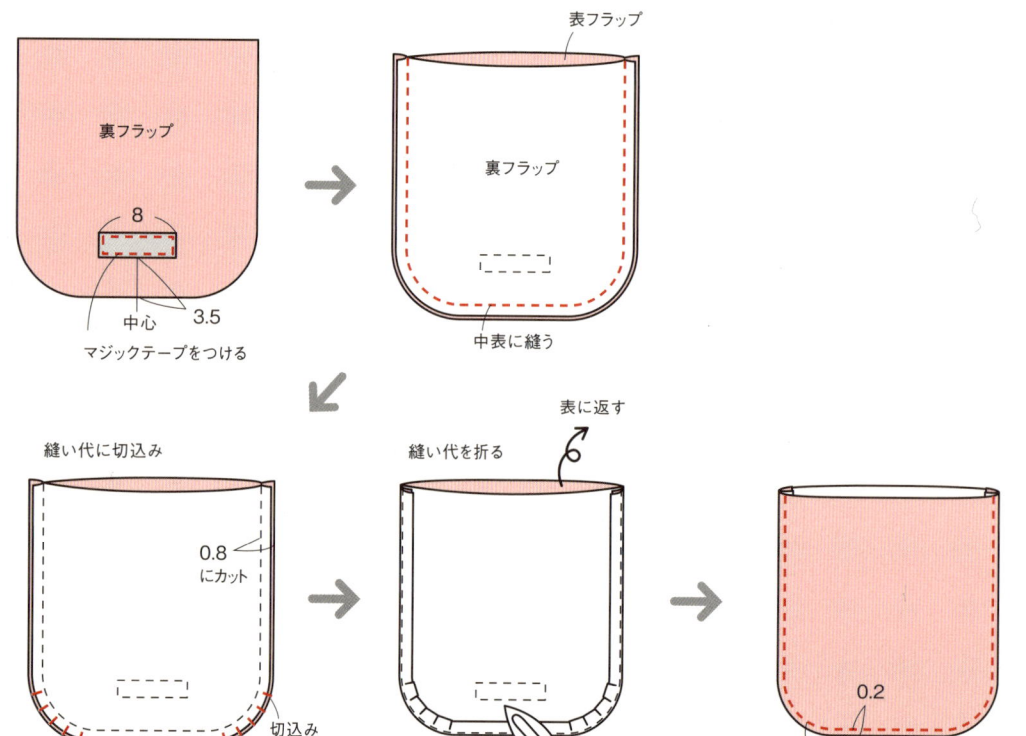

裏フラップ
8
中心　3.5
マジックテープをつける

表フラップ
裏フラップ
中表に縫う

縫い代に切込み
0.8にカット
切込み

縫い代を折る
表に返す

0.2
アイロンで形を整えて端ミシン

34

## 2 本体にマジックテープをつける

本体前側
7
底中心

## 3 中表に合わせて脇を縫い、まちを縫う ▶p.14-3参照

本体
底中心わ

4
4

## 4 袋口にステッチをかける

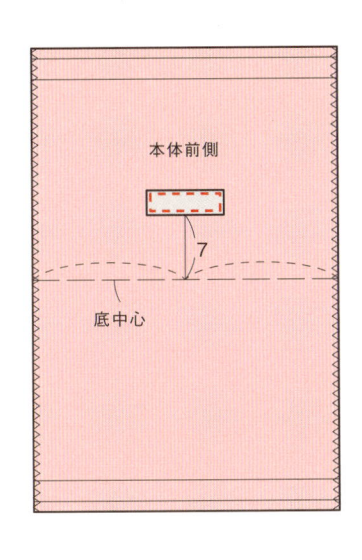

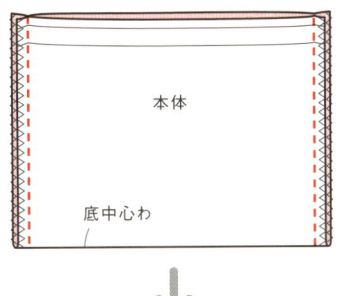

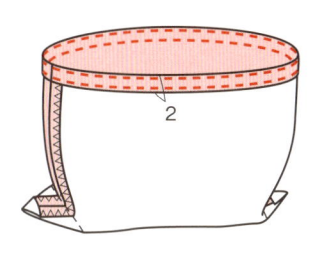

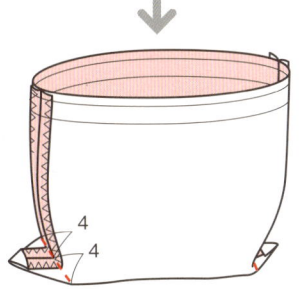

2

## 5 フラップをつける

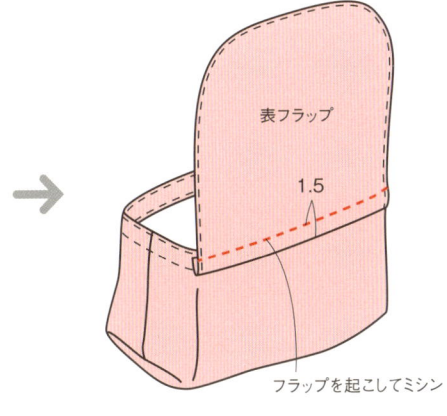

1
ミシン
2
裏フラップ

表フラップ
1.5
フラップを起こしてミシン

## 6 肩ひもを作り、袋につける ▶p.32-2参照

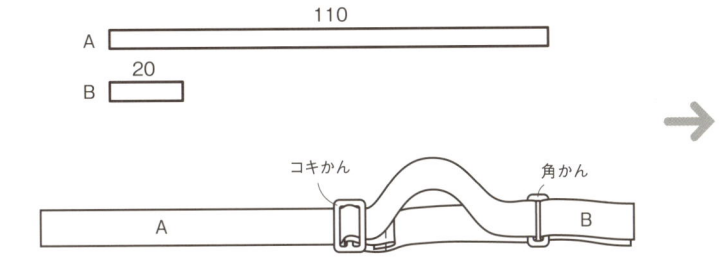

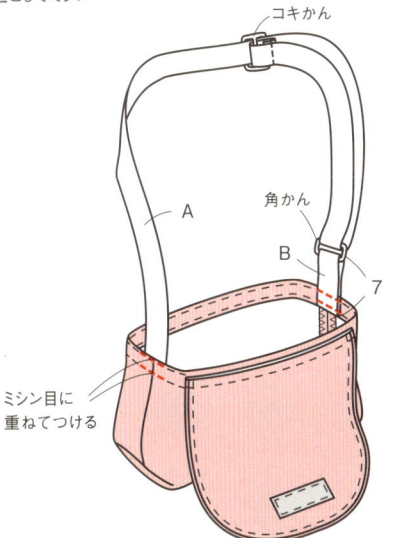

A 110
B 20

コキかん
角かん
A
B

コキかん
A
角かん
B
7

ミシン目に重ねてつける

お出かけの日のために

# トートバッグ e-1

バケツ形のバッグ

## ● 材料
表布……80×30cm
裏布……80×25cm
厚手の綿テープ（持ち手用）……2.5cm幅を60cm
*持ち手はp.19を参考にして表布で作ってもいい

## ● 底とポケットのパターン

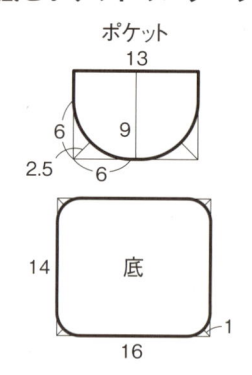

ポケット
13
6　9
2.5　6

底
14
16　1

## ● サイズと裁ち方

表布
2.5
2
ポケット
20　本体　底
28.5
80cm　30cm

裏布
19　本体　底
28.5
80cm　25cm

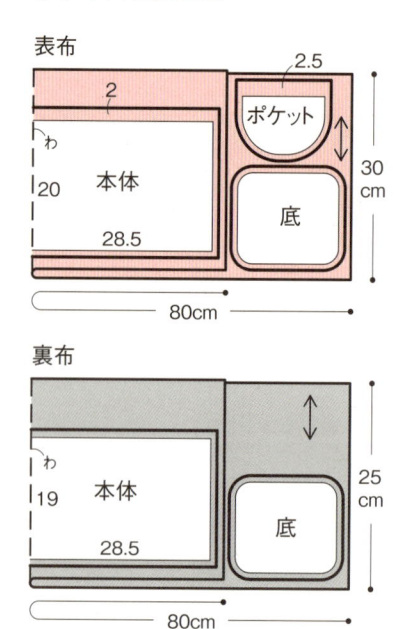

指定以外の縫い代は1cm

## ● 準備
表布の袋口をでき上りに三つ折りにして折り目をつける。綿テープは半分に切る

## 1 ポケットを作ってつける ▶p.18-1参照

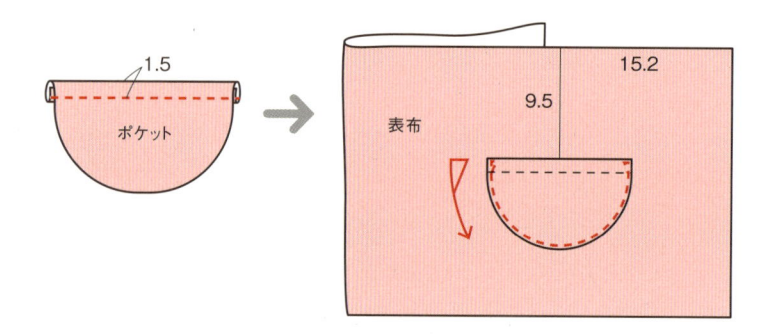

1.5
ポケット

15.2
9.5
表布

## 2 表布、裏布の脇をそれぞれ縫う

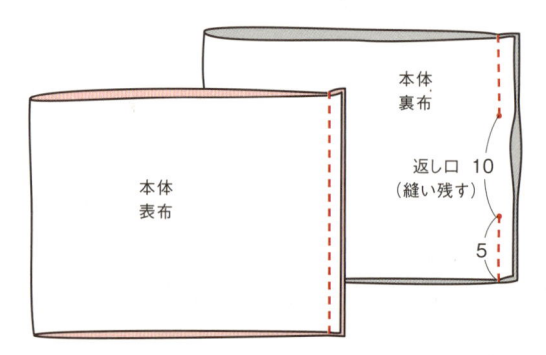

本体
表布

本体
裏布
返し口 10
（縫い残す）
5

## 3 表布、裏布に底をつける

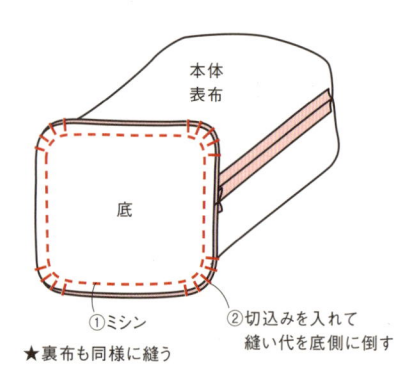

本体
表布

底

①ミシン
②切込みを入れて縫い代を底側に倒す
★裏布も同様に縫う

## 4 表袋に持ち手を仮どめする

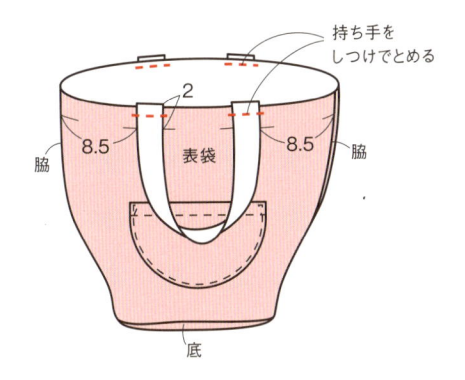

- 持ち手をしつけでとめる
- 2
- 8.5
- 8.5
- 脇
- 脇
- 表袋
- 底

## 5 表袋と裏袋を中表に合わせて袋口を縫い、返し口から表に返す ▶p.15-6参照

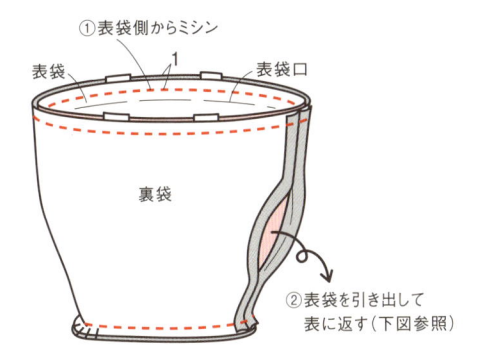

- ①表袋側からミシン
- 1
- 表袋
- 表袋口
- 裏袋
- ②表袋を引き出して表に返す（下図参照）

## 6 袋口を整え、ステッチをかける

- 1
- 0.2
- 1
- アイロンで形を整えてステッチ

---

### アイロンについて

袋口は前もってでき上がりに折っておくと、印代りにもなり、最後に袋口を縫うときに、折り目がついているので、きれいに楽に折って縫うことができます（a）。
また、見返しや裏布を表布と中表に合わせ、ミシンをかけた後で表に縫い返す場合、縫い代を割ってアイロンをかけておくと、表に返したとき、縫い目にきせがかからずきれいに折り返ります（b）。

a　袋口はでき上がりに折っておく
- 袋口
- 本体

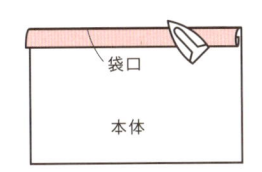

b　縫い代をアイロンで割っておく

# お出かけの日のために

## トートバッグ e-2

袋口にひもを通す

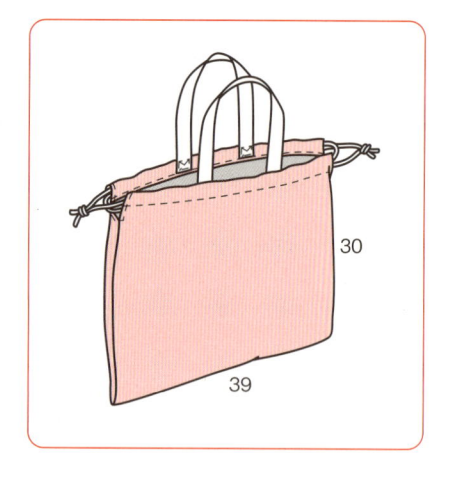

### ● 材料
表布……45×70cm
裏布……45×70cm
厚手の綿テープ(持ち手用)……2.5cm幅を80cm
丸ひも……太さ0.5cmを2m

### ● 本体のパターン

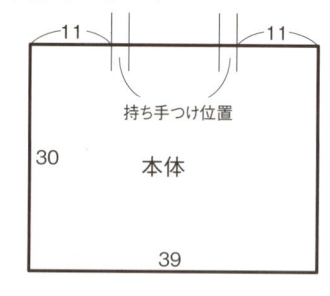

- 11, 11
- 持ち手つけ位置
- 30
- 本体
- 39

### ● 裁ち方

**表布**
3 / 本体 / 底中心わ / 45cm / 70cm

**裏布**
縫い代なし / 本体 / 底中心わ / 45cm / 70cm

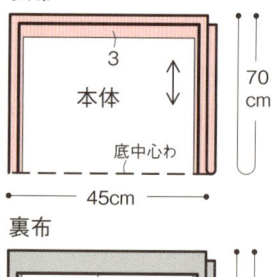

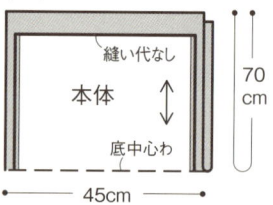

指定以外の縫い代は1cm

### ● 準備
表布の袋口をでき上りに三つ折りにして折り目をつける。綿テープと丸ひもは半分に切る

### 1 表布に持ち手をつける

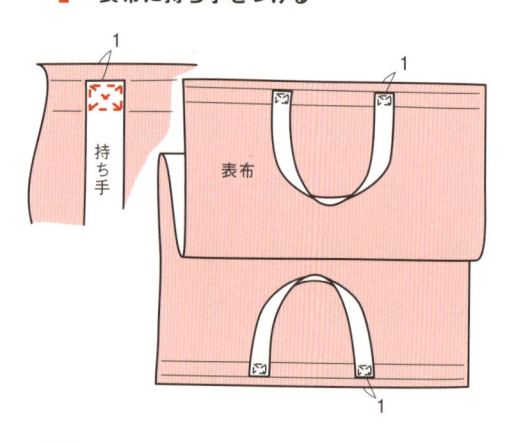

持ち手 / 表布

### 2 表布、裏布をそれぞれ中表に合わせて脇を縫う

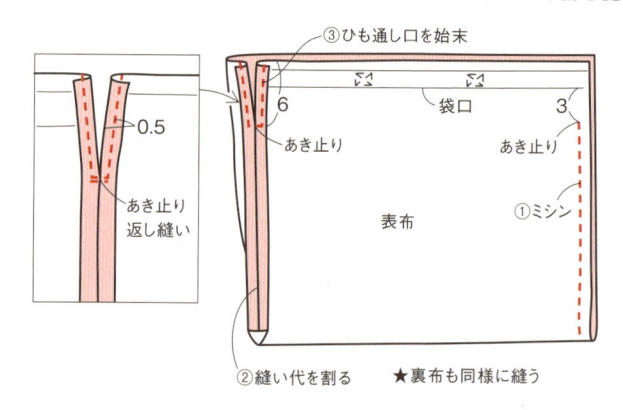

- ③ひも通し口を始末
- 0.5
- あき止り 返し縫い
- 6
- 袋口
- 3
- あき止り
- あき止り
- ①ミシン
- 表布
- ②縫い代を割る
- ★裏布も同様に縫う

### 3 裏袋口を表袋口にしつけでとめる

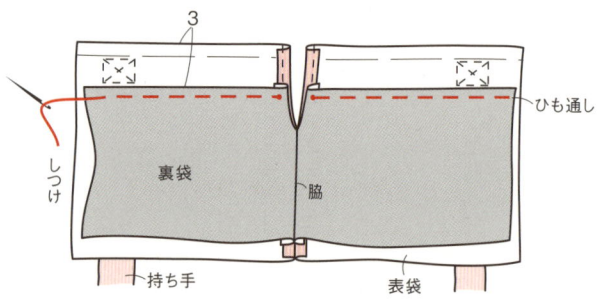

3 / しつけ / 裏袋 / 脇 / ひも通し / 持ち手 / 表袋

### 4 表袋口をでき上りに折り、ステッチでとめる

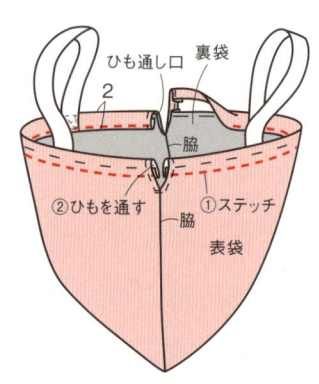

- ひも通し口
- 裏袋
- 2
- 脇
- ②ひもを通す
- ①ステッチ
- 脇
- 表袋

## お出かけの日のために

# トートバッグ e-3

小さな手さげ袋

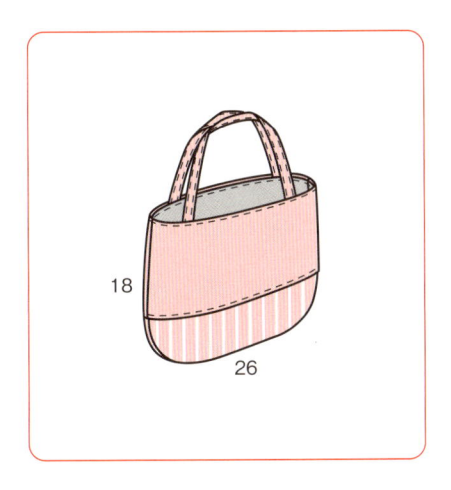

● 材料
表布……45×35cm
別布……30×20cm
裏布……30×45cm

● 本体のパターン

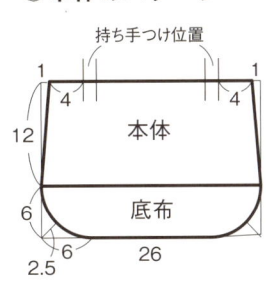

● サイズと裁ち方
表布 / 持ち手 / 本体 45cm / 35cm / 30 / 3
別布 / 底布 / 30cm / 20cm / わ
裏布 / 本体 / 30cm / 45cm / わ

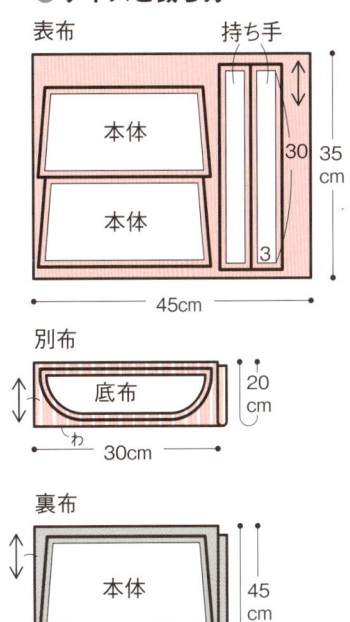

縫い代は1cm

**1** 持ち手を2本作る ▶p.19-D参照

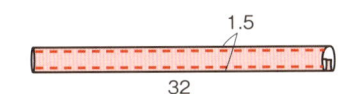

**2** 表布と別布を縫い合わせる

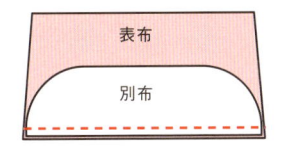

縫い代を上側に倒し、ステッチで押さえる

**3** 表布と裏布をそれぞれ中表に合わせて袋に縫う

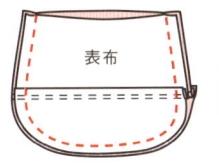

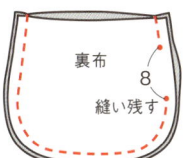

裏布 縫い残す 8

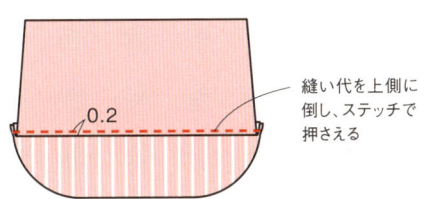

あとはp.15の **4〜8** を参照

お出かけの日のために

# リュックサック f-1

小さな背中に合わせて

### ● 材料
表布……75×65cm
厚手の綿テープ（肩ひも、持ち手用）
　……2.5cm幅を1m50cm
角かん、コキかん……内径2.5cmを各2個
ゴムテープ……1〜1.2cm幅を25cm
バイアステープ……2.5cm幅を80cm
マジックテープ……2cm幅を4cm

### ● フラップ、底、ポケットのパターン

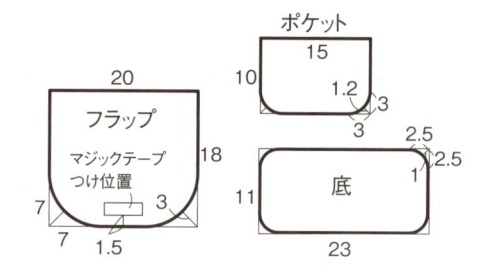

### ● 準備
本体の後ろ中心の縫い代をロックミシンで始末する。
袋口をでき上がりに三つ折りにして、アイロンで折り目
をつける。綿テープを図のように用意する

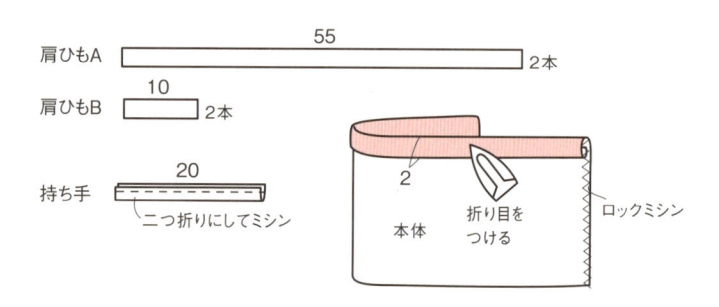

肩ひもA　55　2本
肩ひもB　10　2本
持ち手　20　二つ折りにしてミシン

### ● サイズと裁ち方
指定以外の縫い代は1cm

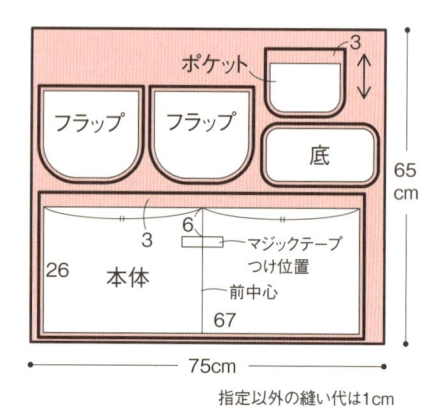

## 1 フラップを作る
▶p.34-1参照

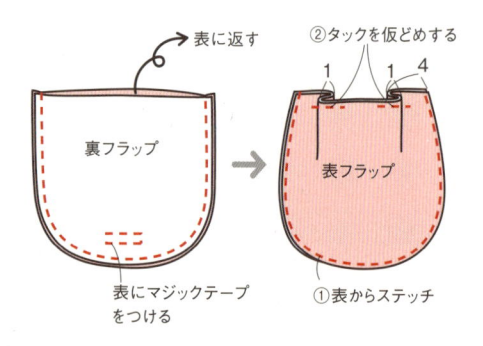

## 2 ポケットとマジックテープをつける
▶p.18-1参照

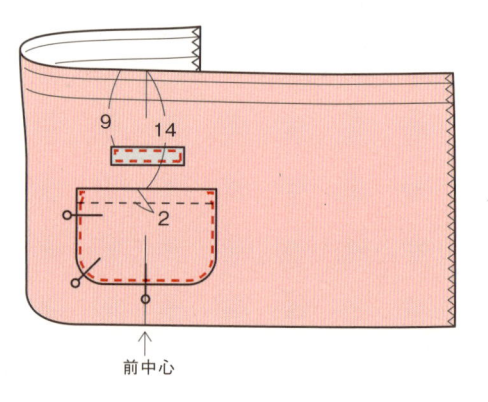

**3** 肩ひもを2本作る ▶p.32-2参照

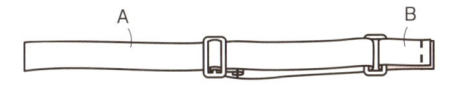

A　B

**4** 本体の後ろ中心を縫い、肩ひもを仮どめする

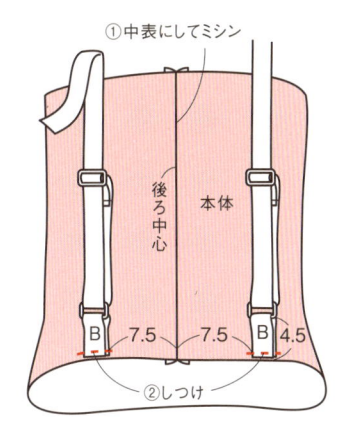

①中表にしてミシン
後ろ中心
本体
B 7.5　7.5 B 4.5
②しつけ

**5** 肩ひもをはさんで底をつけ、縫い代を始末する。
ゴムテープの端をとめる

3
8　8
ミシン　ミシン
ゴムテープの端をとめる
肩ひもをはさむ
底
中表に合わせてミシン

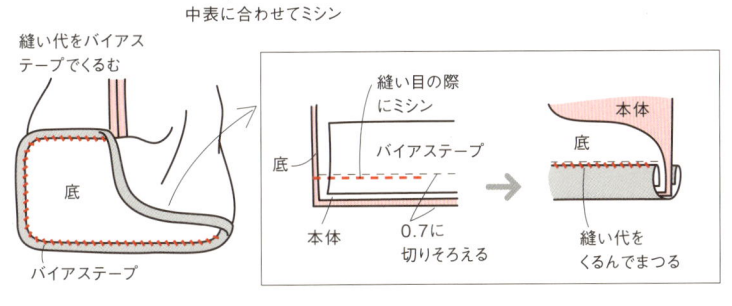

縫い代をバイアステープでくるむ
底
バイアステープ

縫い目の際にミシン
底
バイアステープ
本体
0.7に切りそろえる
→
本体
底
縫い代をくるんでまつる

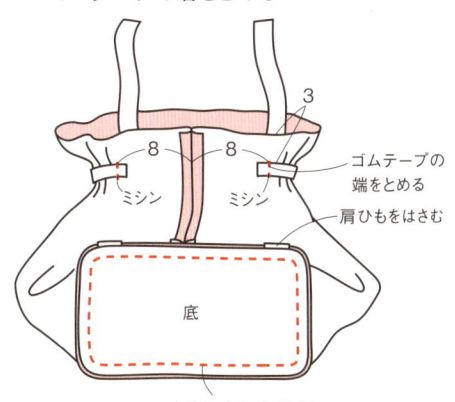

**6** 袋口はゴムテープを包み込んで
三つ折りにして、ミシンをかける

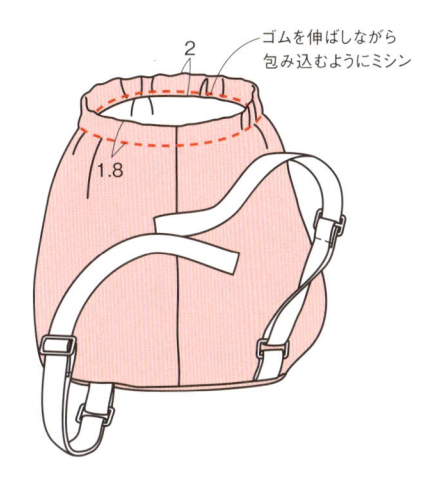

2
ゴムを伸ばしながら包み込むようにミシン
1.8

**7** 持ち手と肩ひもを仮どめする

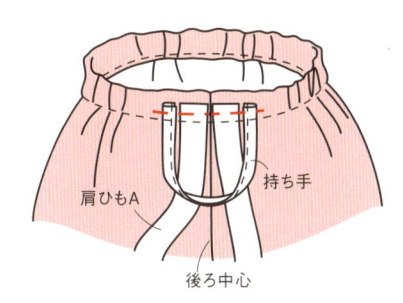

肩ひもA　持ち手
後ろ中心

**8** フラップをつける

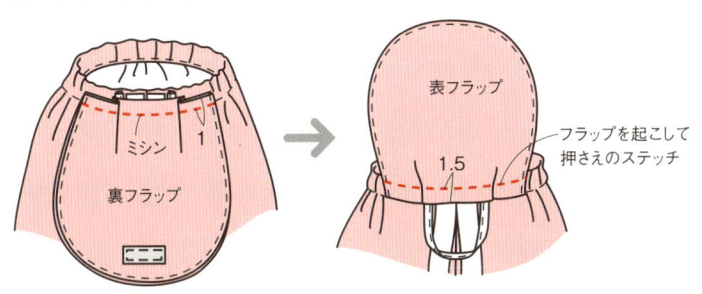

ミシン　1
裏フラップ
→
表フラップ
1.5
フラップを起こして押さえのステッチ

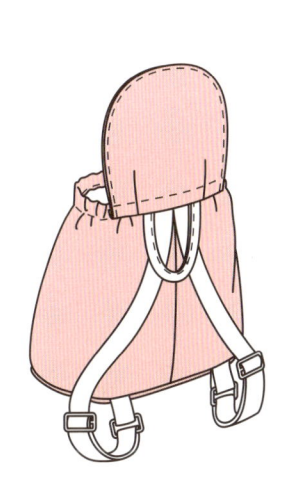

## お出かけの日のために

# リュックサック f-2

**横長のランドセルタイプ**

### ● 材料

表布……90×70cm
裏布……50×70cm
厚手の綿テープ（肩ひも、持ち手用）
　……2.5cm幅を2m20cm
角かん、コキかん
　……内径2.5cmを各2個
マジックテープ……2.5cm幅を8cm

### ● フラップ、まち、とめ布のパターン

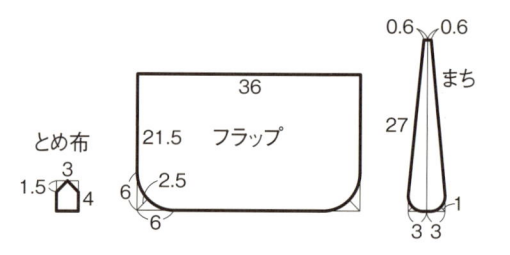

とめ布：1.5 / 3 / 4
フラップ：36 × 21.5、2.5、6
まち：27、0.6、0.6、1、3、3

### ● サイズと裁ち方

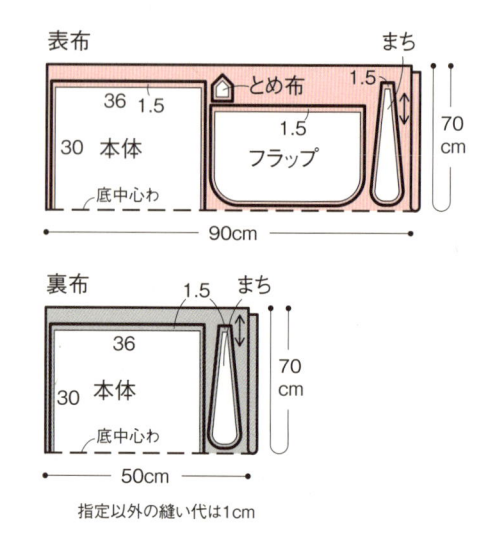

表布（90cm × 70cm）
　本体 36 × 30、1.5、底中心わ
　とめ布
　フラップ 1.5
　まち 1.5

裏布（50cm × 70cm）
　本体 36 × 30、1.5、底中心わ
　まち 1.5

指定以外の縫い代は1cm

### ● 準備

綿テープを図のように切る。マジックテープを半分に切る

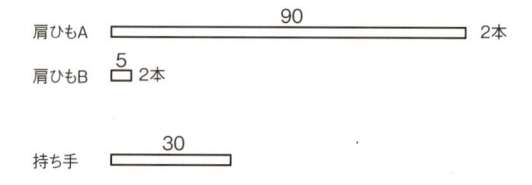

肩ひもA　90　2本
肩ひもB　5　2本
持ち手　30

完成サイズ：36 × 27、まち6

## 1 フラップを作る ▶ p.34-1参照

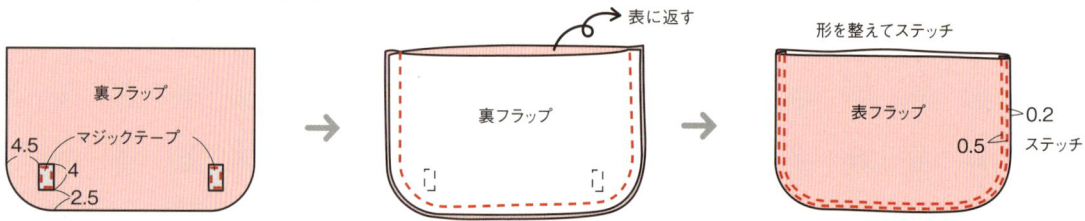

裏フラップ：4.5、4、2.5、マジックテープ
→ 裏フラップ（表に返す）
→ 表フラップ　形を整えてステッチ　0.2　0.5 ステッチ

## 2 肩ひもを2本作る ▶ p.32-2参照

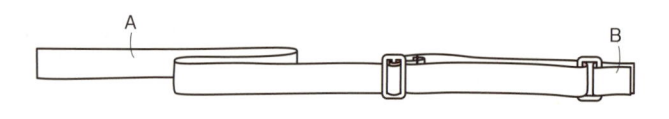

A　　B

## 3 肩ひも、持ち手、マジックテープをとめる

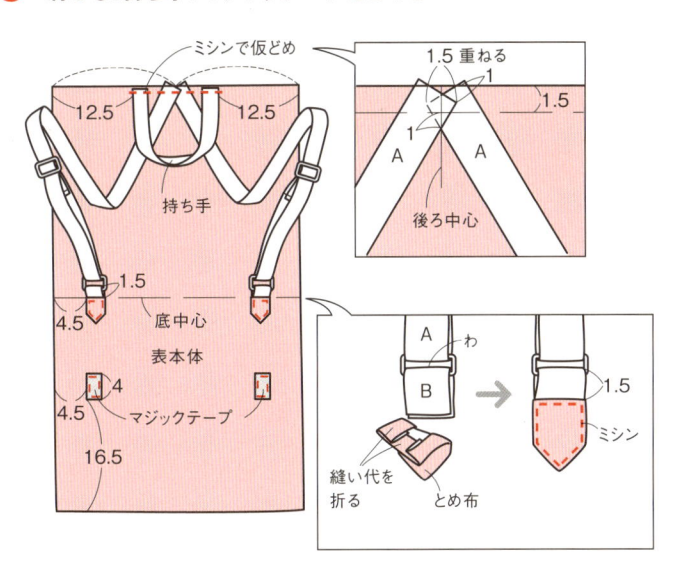

- ミシンで仮どめ
- 12.5
- 1.5 重ねる
- 1
- 1.5
- 持ち手
- A　A
- 後ろ中心
- 1.5
- 4.5
- 底中心
- 表本体
- 4
- 4.5
- マジックテープ
- 16.5
- A
- わ
- B
- 1.5
- ミシン
- 縫い代を折る
- とめ布

## 4 本体にまちをつける

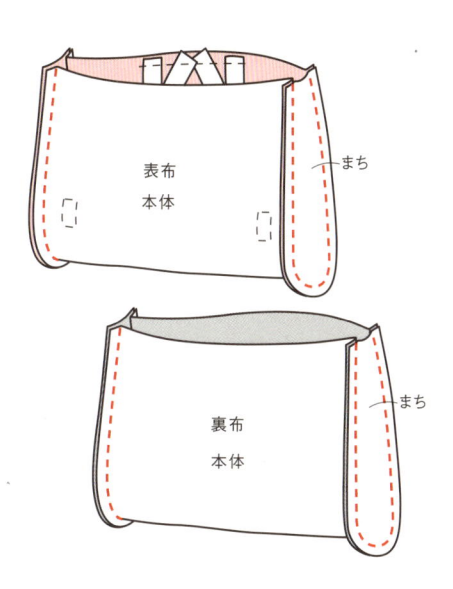

- 表布本体
- まち
- 裏布本体
- まち

## 5 フラップをつける

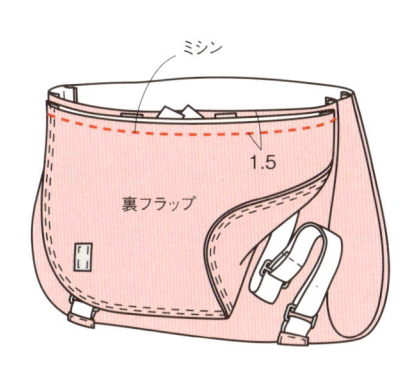

- ミシン
- 1.5
- 裏フラップ

## 6 袋口をでき上りに折り、裏袋を表袋に入れる

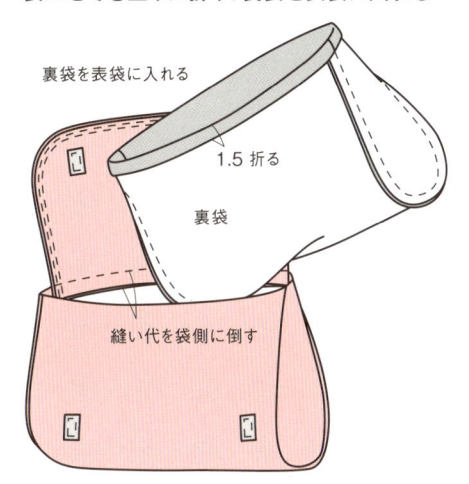

- 裏袋を表袋に入れる
- 1.5 折る
- 裏袋
- 縫い代を袋側に倒す

## 7 裏袋口を表袋口にしつけでとめる

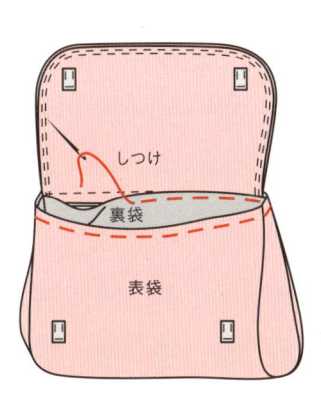

- しつけ
- 裏袋
- 表袋

## 8 袋口を表袋側からミシンでとめる

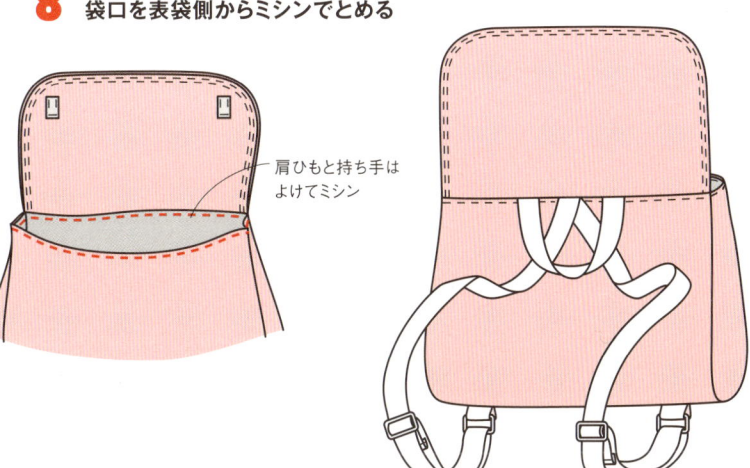

- 肩ひもと持ち手はよけてミシン

お出かけの日のために

# リュックサック f-3　ベルトでとめるランドセルタイプ

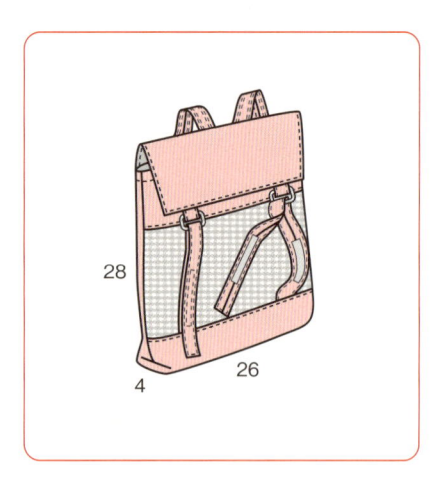

## ●サイズと裁ち方

表布

- 切替え布: 8.5 × 30（3）
- 本体A: 35.5 × 30（3）
- ベルトC: 28 × 5
- ベルトD: 19 × 5（3）
- 肩ひもA: 39 × 5
- 肩ひもB
- フラップ

85cm × 60cm

別布
- 本体B: 16 × 30
35cm × 20cm

裏布
- フラップ
- 本体: 30 × 30（縫い代なし）
- 底中心わ
35cm × 85cm

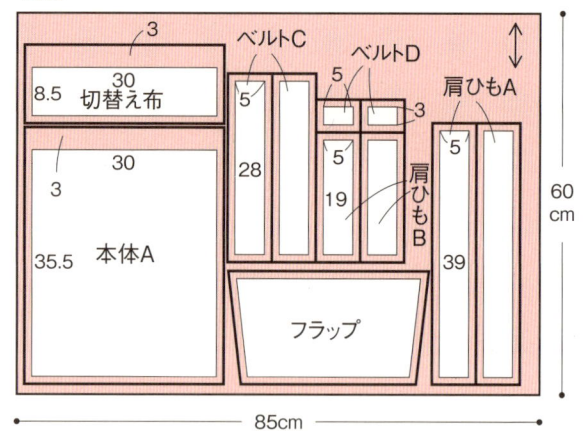

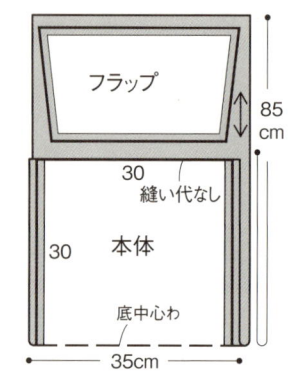

指定以外の縫い代は1cm

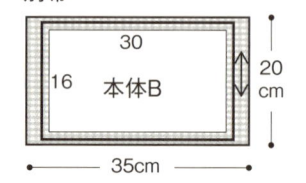

## ●フラップのパターン
30 / 2 / 15.5 / 26　フラップ

### ●材料
- 表布……85×60cm
- 別布……35×20cm
- 裏布……35×85cm
- 角かん……内径2.5cmを2個
- Dかん……内径2.5cmを4個
- マジックテープ……2cm幅を18cm

### ●準備
袋口をでき上りに三つ折りにしてアイロンで折り目をつける。
マジックテープを半分に切る

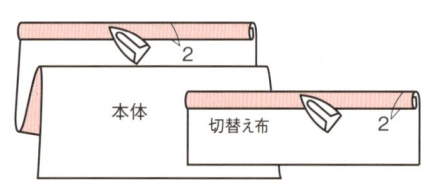

本体 / 切替え布 / 2

バッグ図の寸法: 28 / 26 / 4

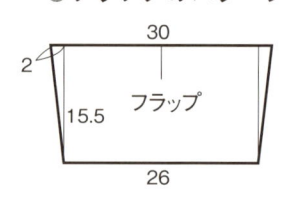

## 1 肩ひもとベルトを2本ずつ作る
▶p.19-B参照

*幅はすべて2.5cm
- 肩ひもA: 40　0.2と0.8ステッチ
- 肩ひもB: 19　1折り込む
- ベルトC: 29　0.2ステッチ
- ベルトD: 5

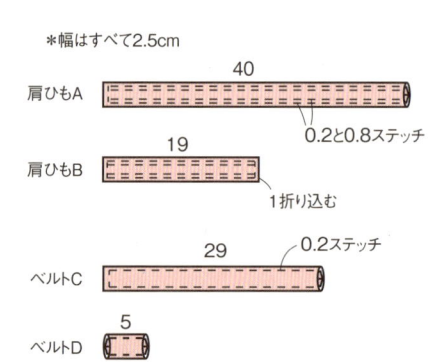

## 2 肩ひもAにDかん、ベルトCにマジックテープをつける

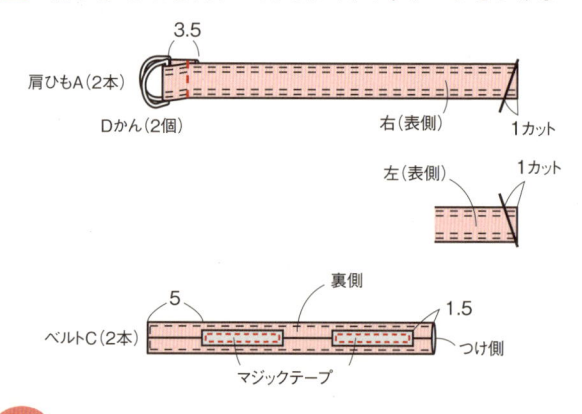

肩ひもA（2本） / Dかん（2個） / 3.5 / 右（表側） / 1カット
左（表側） / 1カット
ベルトC（2本） / 5 / 裏側 / 1.5 / マジックテープ / つけ側

44

## 3 ベルトCを仮どめする

ベルトC
本体B
0.5端ミシン

## 4 本体と切替え布を縫い合わせる

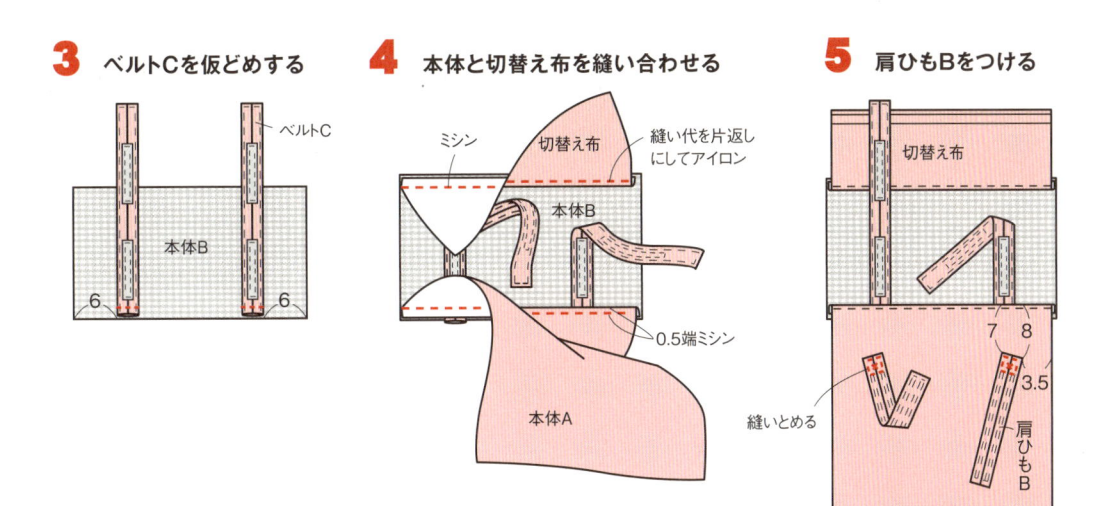

ミシン
切替え布
縫い代を片返しにしてアイロン
本体B
0.5端ミシン
本体A

## 5 肩ひもBをつける

切替え布
縫いとめる
肩ひもB
7　8
3.5

## 6 表布、裏布とも中表に合わせ、脇とまちを縫う
▶ p.14-3参照

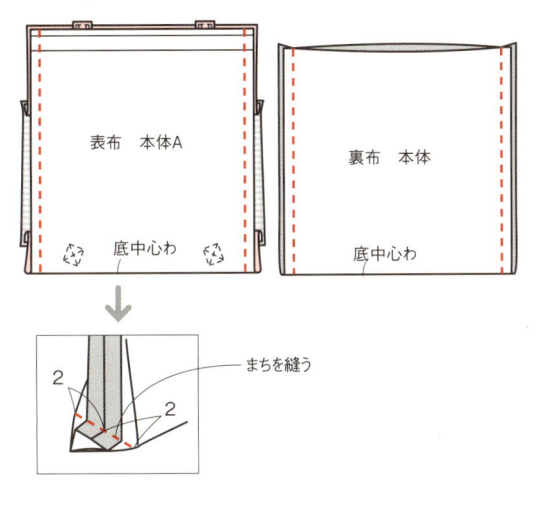

表布　本体A
底中心わ
裏布　本体
底中心わ
まちを縫う
2　2

## 7 表袋に裏袋を入れ、袋口にミシン
▶ p.38-3参照

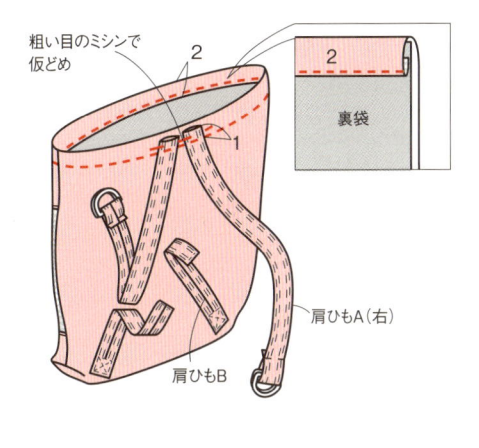

粗い目のミシンで仮どめ
2
1
裏袋
2
肩ひもA（右）
肩ひもB

## 8 ベルトDをはさんでフラップを縫う

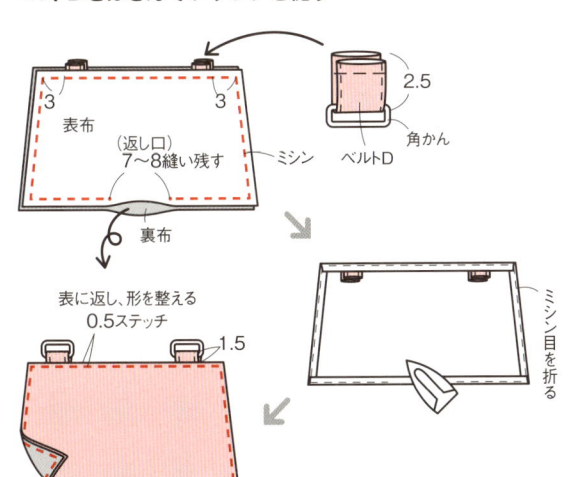

3　3
表布
（返し口）
7〜8縫い残す
ミシン
裏布
2.5
ベルトD
角かん
表に返し、形を整える
0.5ステッチ
1.5
ミシン目を折る

## 9 フラップをつける

2重ねる　0.8
0.2
ダブルステッチで縫いとめる

お出かけの日のために

# ボストンバッグ g-1

丸いまちをつけて筒状にする

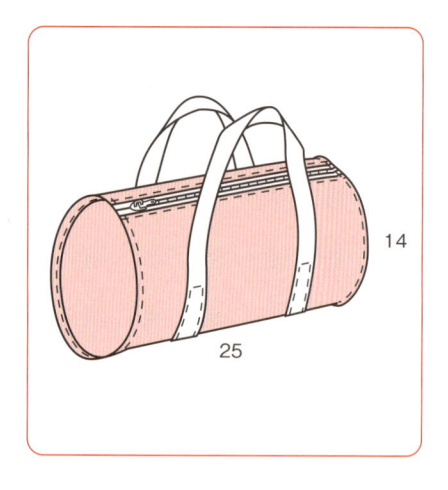

## ●サイズと裁ち方（表布、裏布共通）

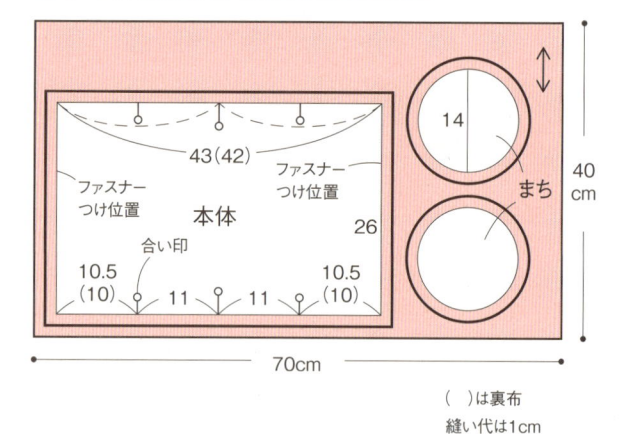

本体：43(42) × 26
ファスナーつけ位置
合い印
10.5(10)　11　11　10.5(10)
まち：14
70cm × 40cm

( )は裏布
縫い代は1cm

## ●材料

表布……70×40cm
裏布……70×40cm
接着芯……14×28cm
ファスナー……30cmを1本
　（必要な長さにはさみで切る）
厚手の綿テープ（持ち手用）……2.5cm幅を1m30cm

## ●準備

表布のファスナーつけ位置の縫い代をアイロンで折る。表布のまちに接着芯をはる。表布と裏布のまちに本体との合い印をつける

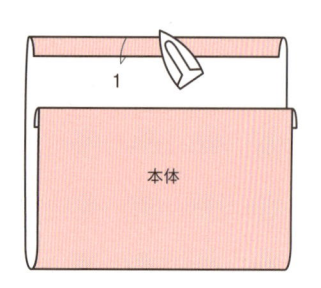

表布の裏に接着芯をはる
印をつける
まち

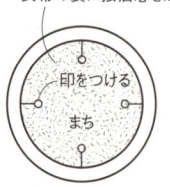

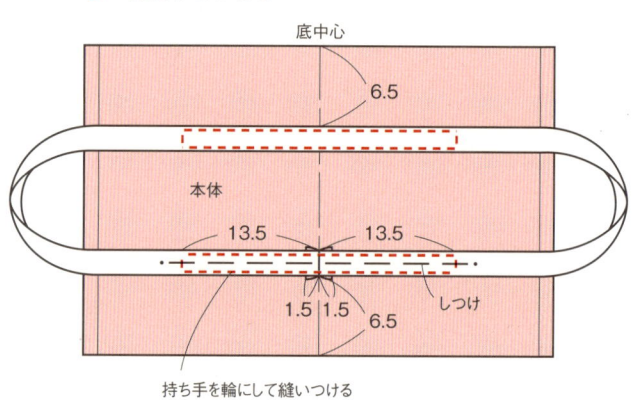

## 1　持ち手をつける

底中心
6.5
本体
13.5　13.5
1.5　1.5
6.5
しつけ
持ち手を輪にして縫いつける

## 2　ファスナーをつける

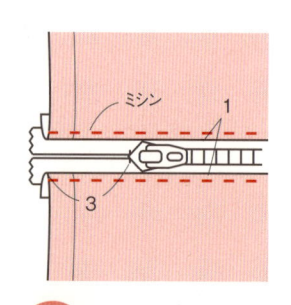

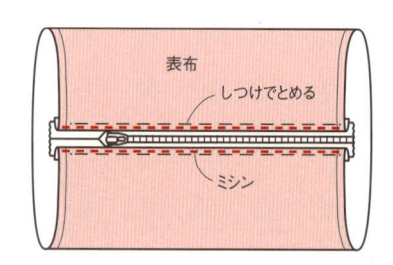

ミシン
1
3
表布
しつけでとめる
ミシン

46

## 3 表布にまちをつける

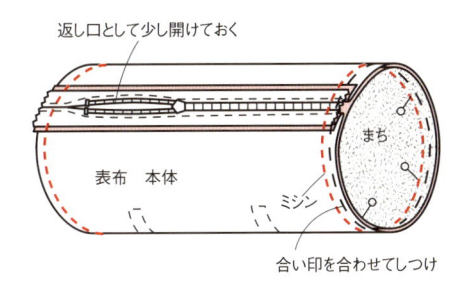

- 返し口として少し開けておく
- 表布 本体
- まち
- ミシン
- 合い印を合わせてしつけ

## 4 表に返して、まちの際にステッチをかける

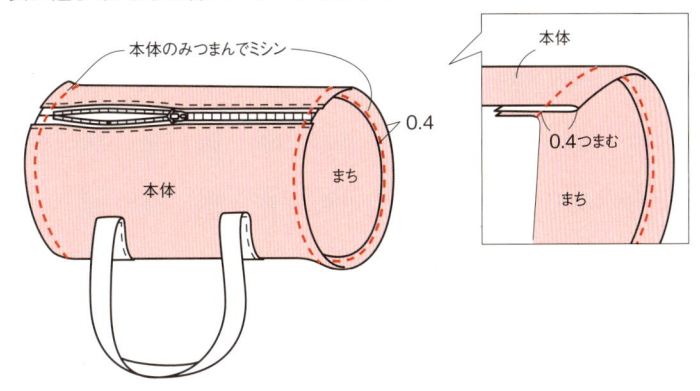

- 本体のみつまんでミシン
- 本体
- まち
- 0.4
- 0.4つまむ

## 5 裏布を縫う

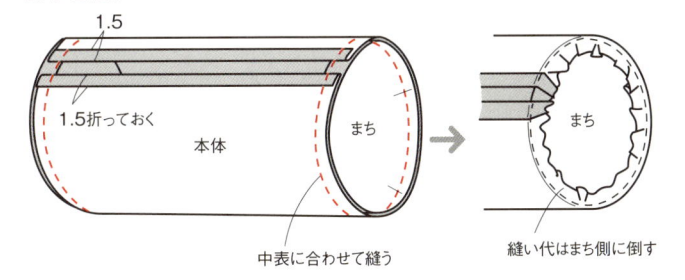

- 1.5
- 1.5折っておく
- 本体
- まち
- 中表に合わせて縫う
- 縫い代はまち側に倒す

## 6 裏袋を表袋にかぶせ、ファスナーにまつる

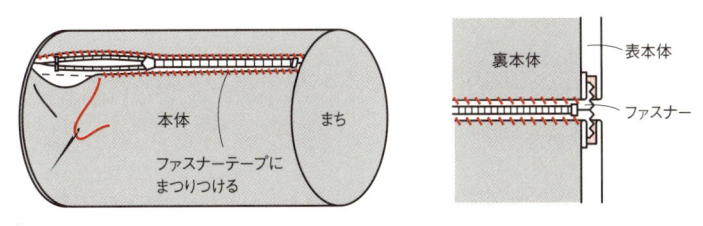

- 本体
- まち
- ファスナーテープにまつりつける
- 裏本体
- 表本体
- ファスナー
- 表袋を裏に返し、表に返した裏袋をかぶせる

# ボストンバッグ g-2

おでかけの日のために

小さくてもきちんとしたバッグ

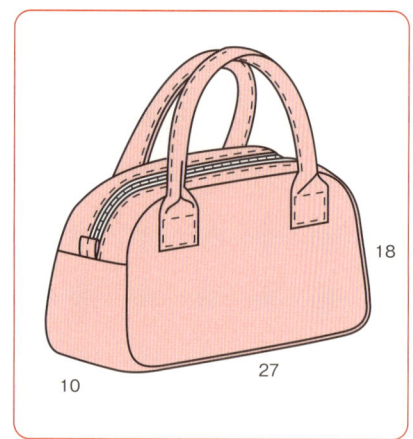

● 本体、まち、口布、持ち手のパターン

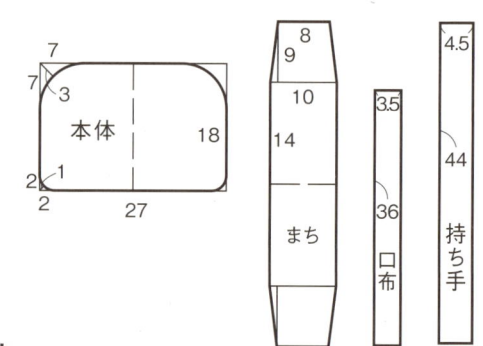

● サイズと裁ち方

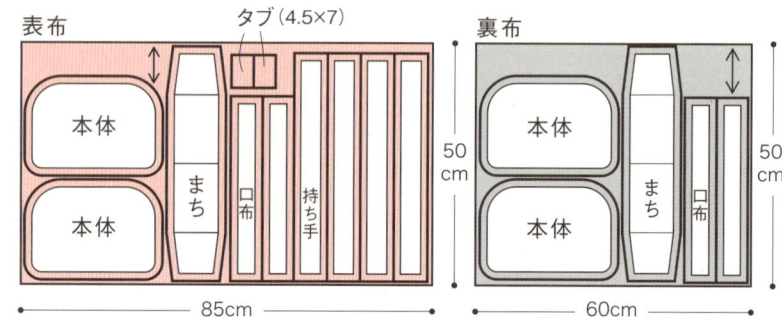

表布 / 裏布  
タブ (4.5×7)  
縫い代は1cm

● 材料
表布……85×50cm  
裏布……60×50cm  
ファスナー……40cmを1本  
（はさみで必要な長さに切る）  
バイアステープ……2.5cm幅を1m70cm

● 準備
表口布の一方の縫い代をアイロンで折る

**1** タブを2個作る

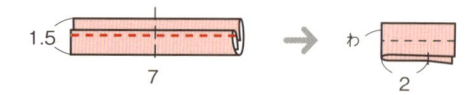

**2** 表口布にファスナーをつけ、裏口布をファスナーにまつる

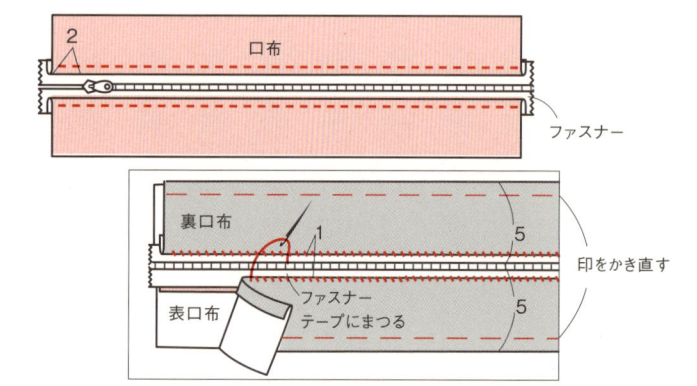

裏口布 / 表口布 / ファスナー / 印をかき直す / ファスナーテープにまつる

**3** タブをはさんで口布とまちを縫う

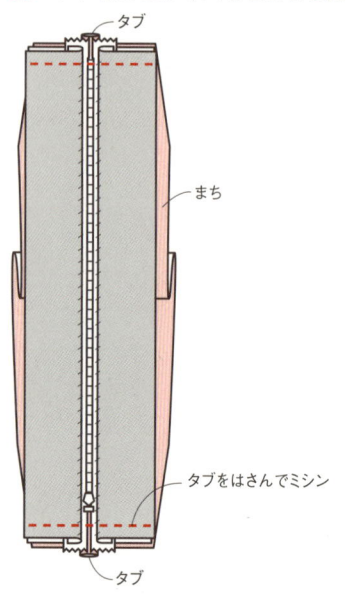

タブ / まち / タブをはさんでミシン

## 4 裏まちをまつりつける

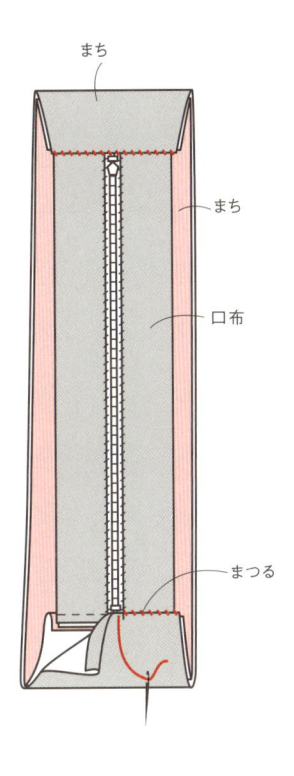

- まち
- まち
- 口布
- まつる

## 5 本体の表布と裏布を外表にして、しつけでとめる

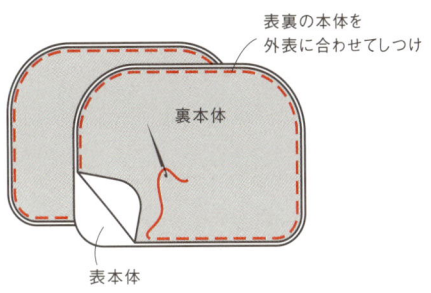

- 表裏の本体を外表に合わせてしつけ
- 裏本体
- 表本体

## 6 本体とまち、口布を縫い合わせる

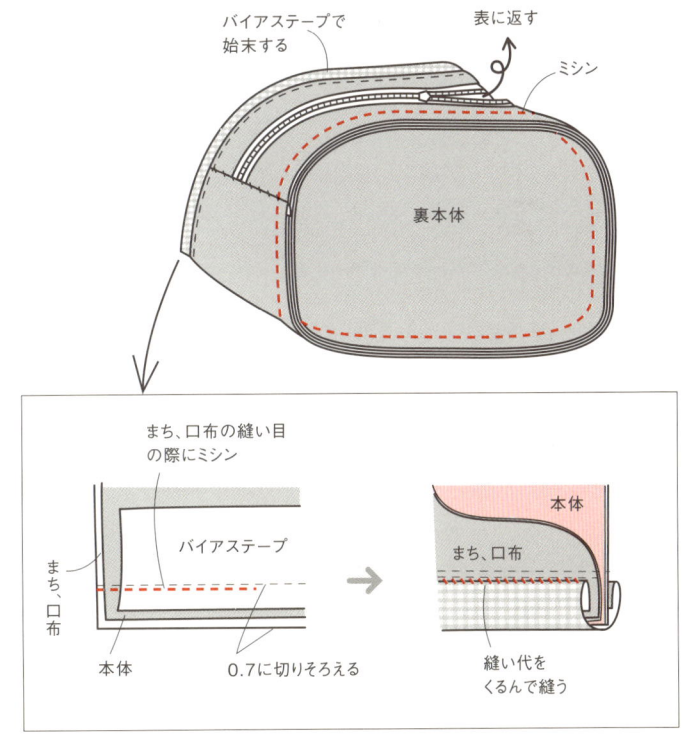

- バイアステープで始末する
- 表に返す
- ミシン
- 裏本体

- まち、口布の縫い目の際にミシン
- まち、口布
- バイアステープ
- 本体
- 0.7に切りそろえる
- 本体
- まち、口布
- 縫い代をくるんで縫う

## 7 持ち手を2本作り、袋につける

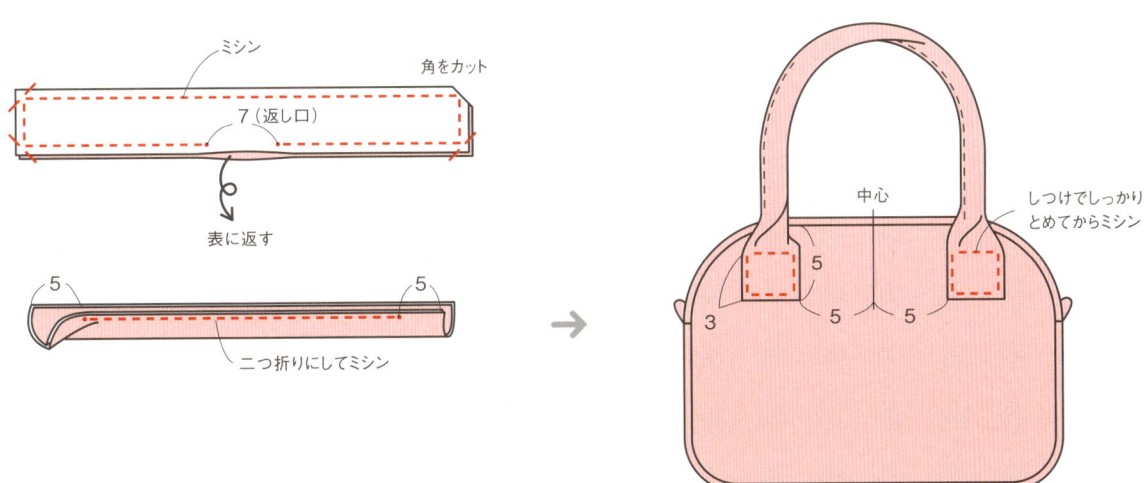

- ミシン
- 角をカット
- 7（返し口）
- 表に返す
- 5
- 5
- 二つ折りにしてミシン

- 中心
- しつけでしっかりとめてからミシン
- 5
- 5
- 3
- 5
- 5

### バッグ作りに刺繍をプラス

# 刺繍やアップリケを始める前に

## 用意するもの

【刺繍糸】 刺繍糸の25番（細い糸が6本どりになっていて、太さを本数で調整できる）または5番（1本どりの太い糸）を使用します。

【針】 フランス刺繍針。糸が太いときは針も太いものを使用。糸に比べて針が細いと、布に刺すたびに糸がこすれて弱くなるので、糸が無理なく布に通る針を使用します。

【チョークペーパー】 水につけると消えるものなどいろいろなものがあります。いずれにしても白か黄色など色が布に残りにくいほうが安心です。

【セロファン】 図案の上にセロファンをのせて、その上から硬質のペンで図案をなぞります。

## 図案の配置

p.52〜59の刺繍例と同じものを刺す場合は、図案を指定の拡大率でコピーして布に写します。刺繍例にない図案を使用する場合は、好みの大きさに図案を拡大縮小して、裁断した布の上に置いてみるといいでしょう。図案の向きを反転させたい場合は、トレーシングペーパーに写した図案を裏返してコピーします。別々の図案を組み合わせて使いたい場合は、右図のようにコピーした図案をパターンに並べて配置を決め、セロファンテープでとめます。

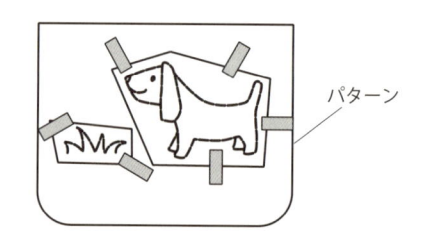

## 図案を写す

裁断した布に図案を写します。下から布（表を上に）、チョークペーパー、パターン（コピーした図案を配置したもの）、セロファンの順に重ね、ボールペンなど硬質のペンで上から図案をなぞります。

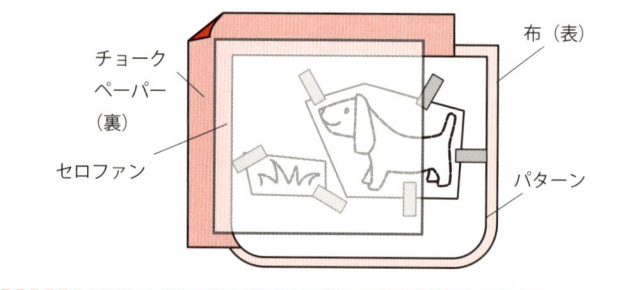

## アップリケの基本

アップリケ用の布は不織布のフェルトが一般的ですが、手持ちの布、あるいは残り布でも大丈夫です。そのときは織り糸のほつれどめを兼ねて裏に薄い接着芯をはるか、スプレーのりを吹きつけ、アイロンで乾かします。アップリケ布は小柄でシンプルなものが効果的です。軽くのりでとめ、回りをブランケットステッチでとめます。またはp.10のさくらんぼのように、図案の回りに折り代をつけ、折り代を折ってたてまつりをすることもあります。

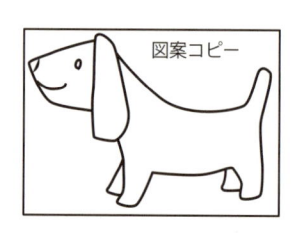

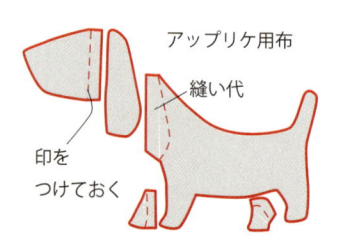

図案のコピーをパーツに切り分ける ▶ 重なる部分に縫い代をつけて裁つ ▶ 土台の布に仮どめをしてからとめる

### 知っておきたい刺繡のステッチ

**線を表わすステッチ**

【バックステッチ】線を表わす基本のステッチ　　【ランニングステッチ】点線 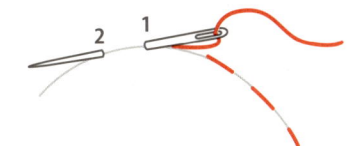　　【アウトラインステッチ】少し太い線

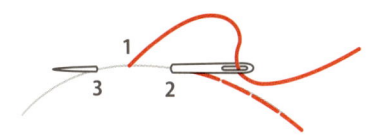

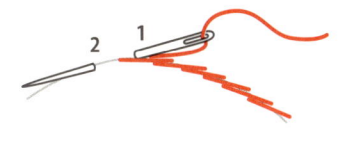

【チェーンステッチ】太い飾り線

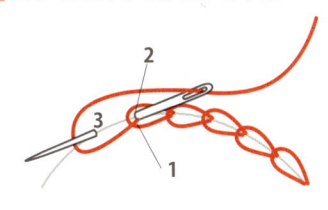

**アップリケをとめるステッチ**
【ブランケットステッチ】

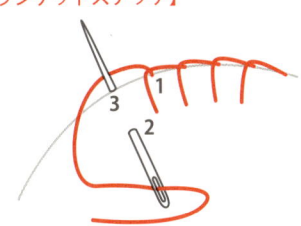

**点を表わすステッチ**
【フレンチナッツステッチ】

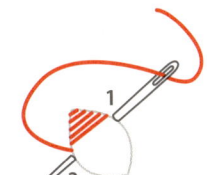

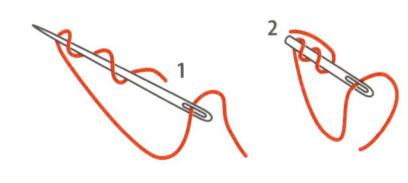

**面を埋めるステッチ**
【サテンステッチ】

**花びらのステッチ**
【レゼーデージーステッチ】

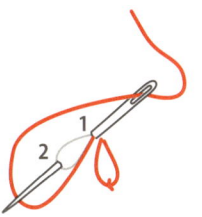

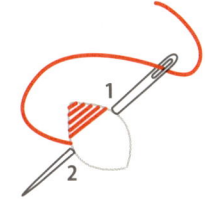

### 図案のステッチ

【図案にステッチの指示がないもの】基本的には線はバックステッチ、小さな丸はフレンチナッツステッチ、大きな丸はサテンステッチで刺し、中には面をアップリケにすることもできます。小さな楕円はサテンステッチかレゼーデージーステッチで刺しますが、右図の花のように、原寸はレゼーデージーステッチで刺し、拡大した場合は輪郭をバックステッチで刺し、縮小した場合はランニングステッチで刺すなど使い分けます。また線で刺すだけでなく、ところどころサテンステッチで塗り絵のように埋めてもかわいい柄になります。
▶p.10-11 参照

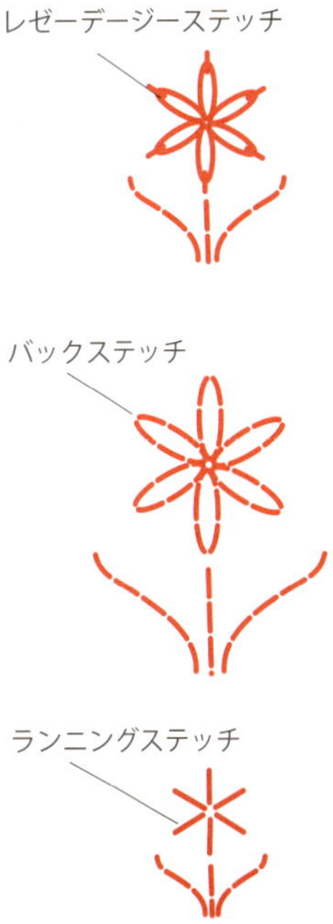

フレンチナッツステッチ
バックステッチ
サテンステッチ

レゼーデージーステッチ
バックステッチ
ランニングステッチ

バッグ作りに刺繍をプラス

# レッスンバッグの刺繍例

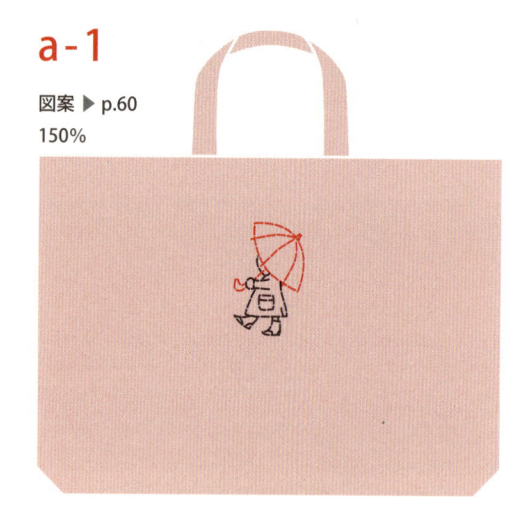

## a-1

図案 ▶ p.60
150%

図案 ▶ p.67、68
150%

図案 ▶ p.62
180%

## a-2

図案 ▶ p.63
180%

図案 ▶ p.70
150%

図案 ▶ p.77
150%

## a-3

図案 ▶ p.68
200%

## a-4

図案 ▶ p.76
120%

図案 ▶
p.60　180%
p.67　200%

図案 ▶ p.65
200%

図案 ▶ p.77
200%

図案 ▶ p.69、70
150%

53

バッグ作りに刺繍をプラス

# シューズ袋の刺繍例

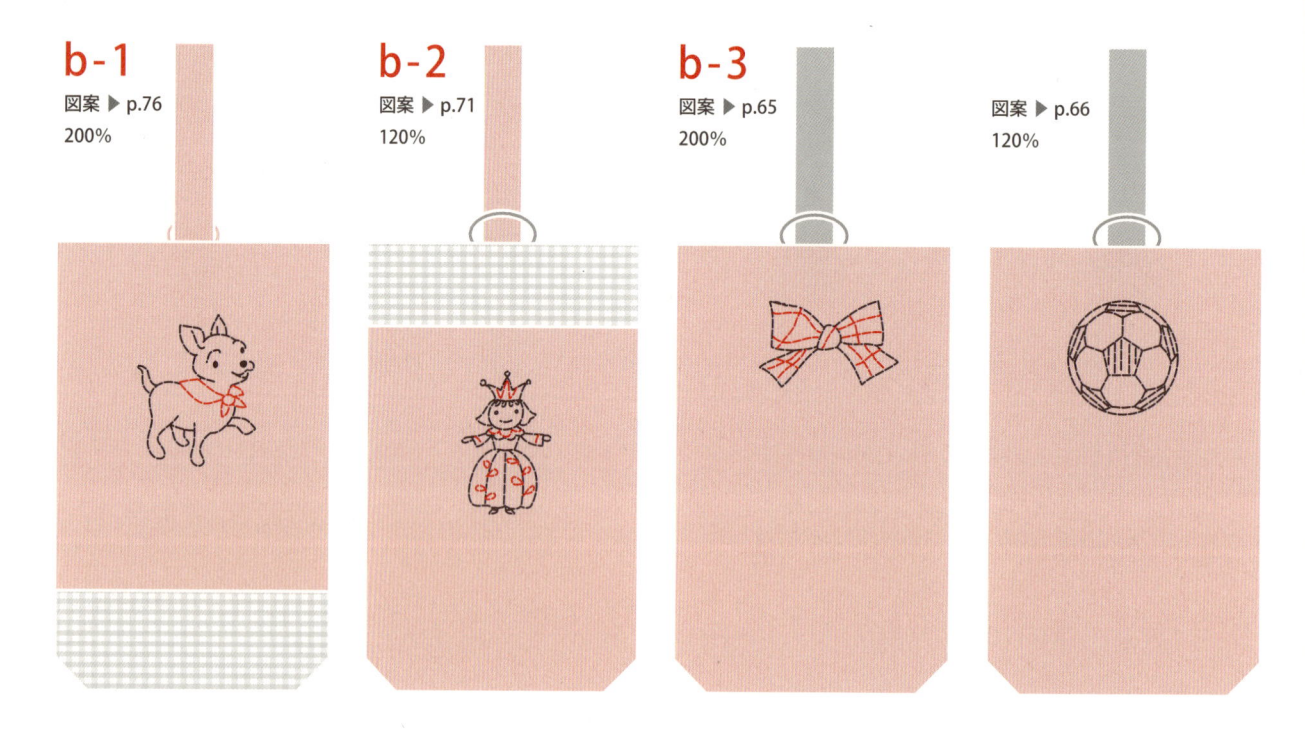

**b-1**
図案 ▶ p.76
200%

**b-2**
図案 ▶ p.71
120%

**b-3**
図案 ▶ p.65
200%

図案 ▶ p.66
120%

**b-4**
図案 ▶ p.65
150%

図案 ▶ p.68
180%

**b-5** 図案 ▶ p.66
120%

図案 ▶ p.67、68
150%

バッグ作りに刺繍をプラス

# お弁当袋の刺繍例

**c-1**
図案 ▶ p.61
120%

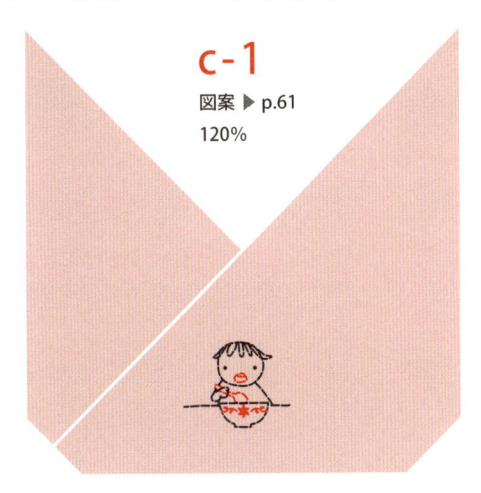

図案 ▶ p.71
100%

**c-2**
図案 ▶ p.63　100%　　図案 ▶ p.68　100%

**c-4**
図案 ▶ p.63　120%　　図案 ▶ p.76　120%

**c-3**
図案 ▶ p.63、64
120%

図案 ▶ p.74
100%

**c-5**
図案 ▶ p.70、72　120%

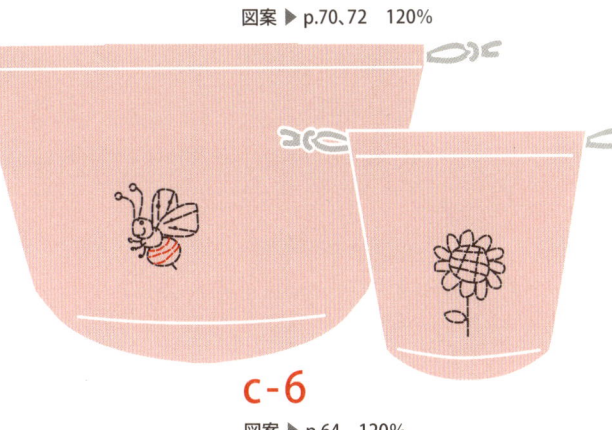

**c-6**
図案 ▶ p.64　120%

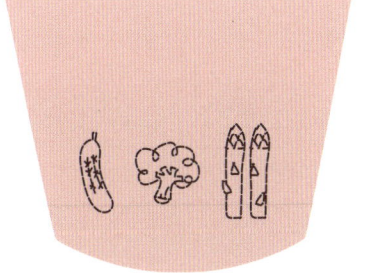

バッグ作りに刺繍をプラス

# 通園バッグの刺繍例

### d-1
図案 ▶ p.74　120%

図案 ▶ p.75　120%

図案 ▶ p.60　120%

### d-2
図案 ▶ p.73　100%

図案 ▶ p.69　100%

図案 ▶ p.71、72　100%

56

バッグ作りに刺繍をプラス

# トートバッグの刺繍例

**e-1**
図案 ▶ p.75
100%

**e-2**
図案 ▶ p.74
180%

図案 ▶ p.60
120%

図案 ▶ p.71
150%

**e-3**
図案 ▶ p.73
100%

バッグ作りに刺繍をプラス

# リュックサックとボストンバッグの刺繍例

**f-1**
図案 ▶ p.60　120%

**f-2**
図案 ▶ p.74　120%

図案 ▶ p.69　200%

図案 ▶ p.61　120%

## g-1
図案 ▶ p.73　100%

## g-2
図案 ▶ p.65
120%

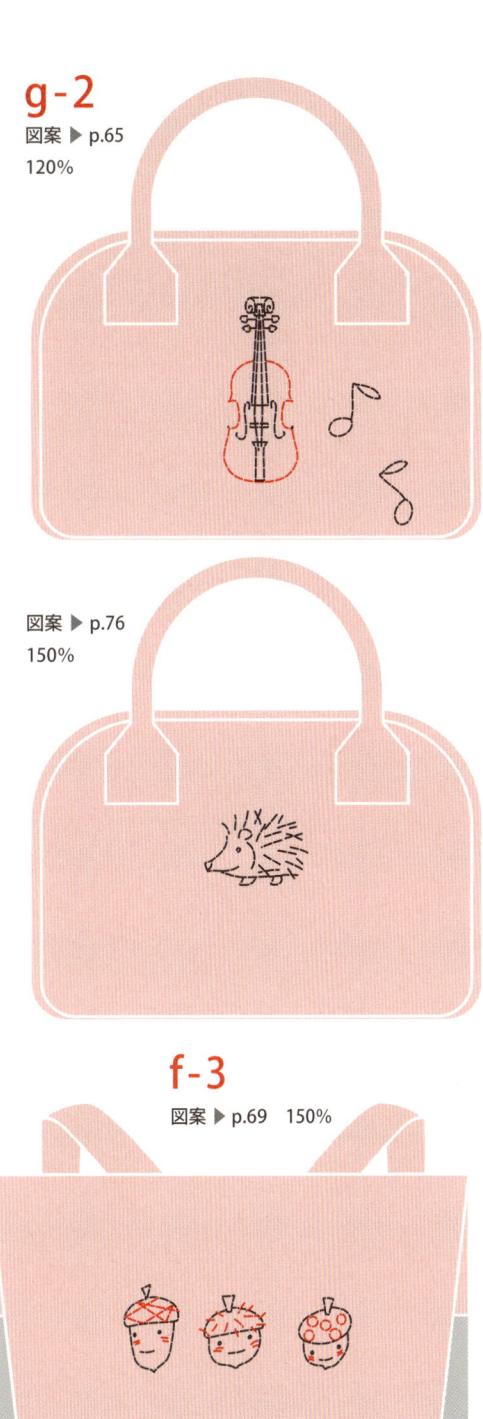

図案 ▶ p.66　100%

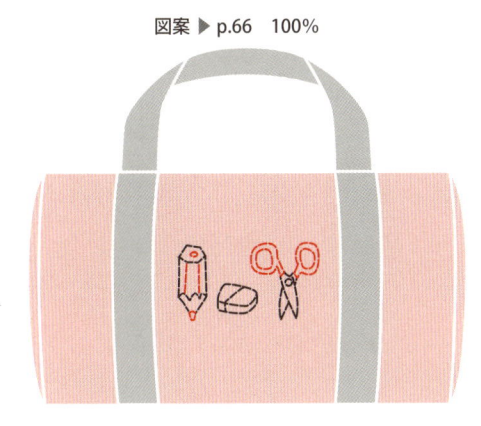

図案 ▶ p.76
150%

## f-3
図案 ▶ p.67　120%

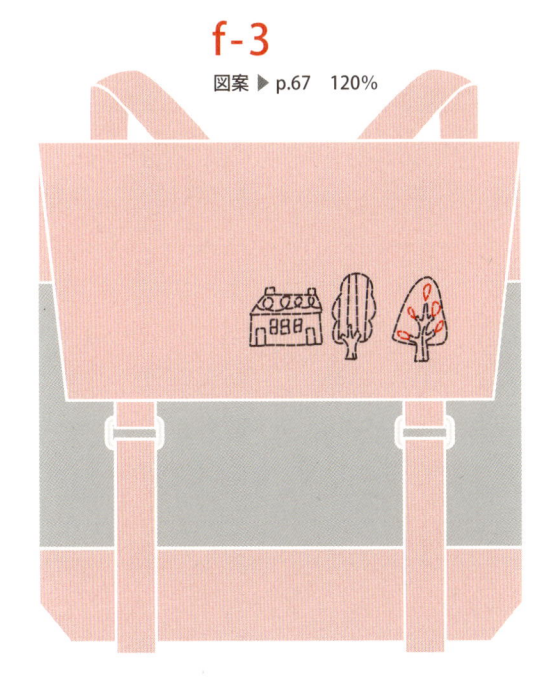

## f-3
図案 ▶ p.69　150%

## 刺繍とアップリケ図案集

＊糸の指定がないものは25番刺繍糸を使用

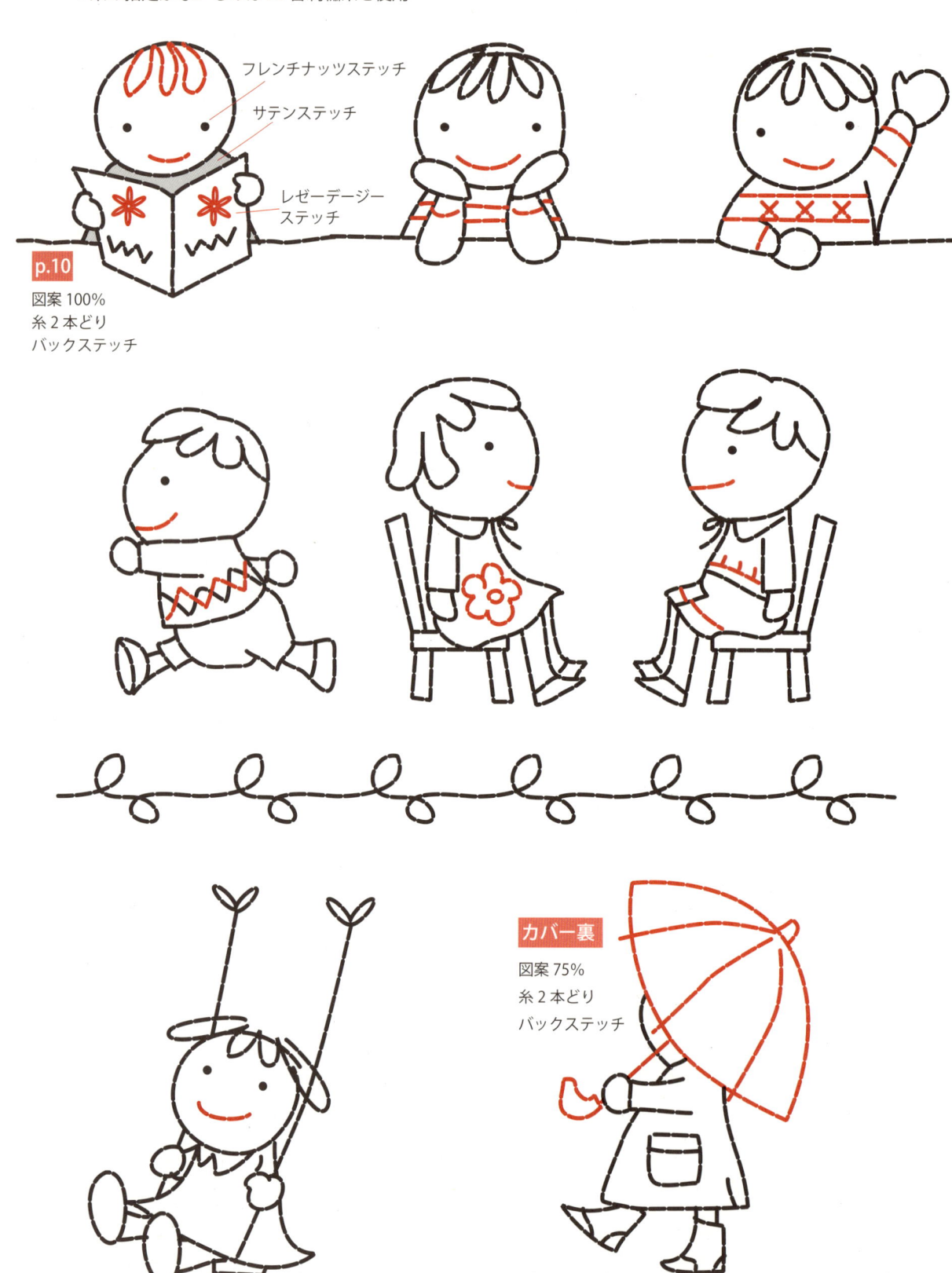

フレンチナッツステッチ
サテンステッチ
レゼーデージーステッチ

p.10
図案100%
糸2本どり
バックステッチ

カバー裏
図案75%
糸2本どり
バックステッチ

子どもの暮らし

## 食べ物

**カバー表**
図案170%
糸5番1本どり　バックステッチ

レゼーデージーステッチ

**カバー裏**
図案100%
糸2本どり
バックステッチ

フレンチナッツステッチ

アップリケ

ブランケットステッチ

糸1本どり

**p.10**
図案100%　糸2本どり
バックステッチ

**p.10**
図案100%
糸2本どり
バックステッチ

糸1本どり

アップリケ

63　64

道具と服

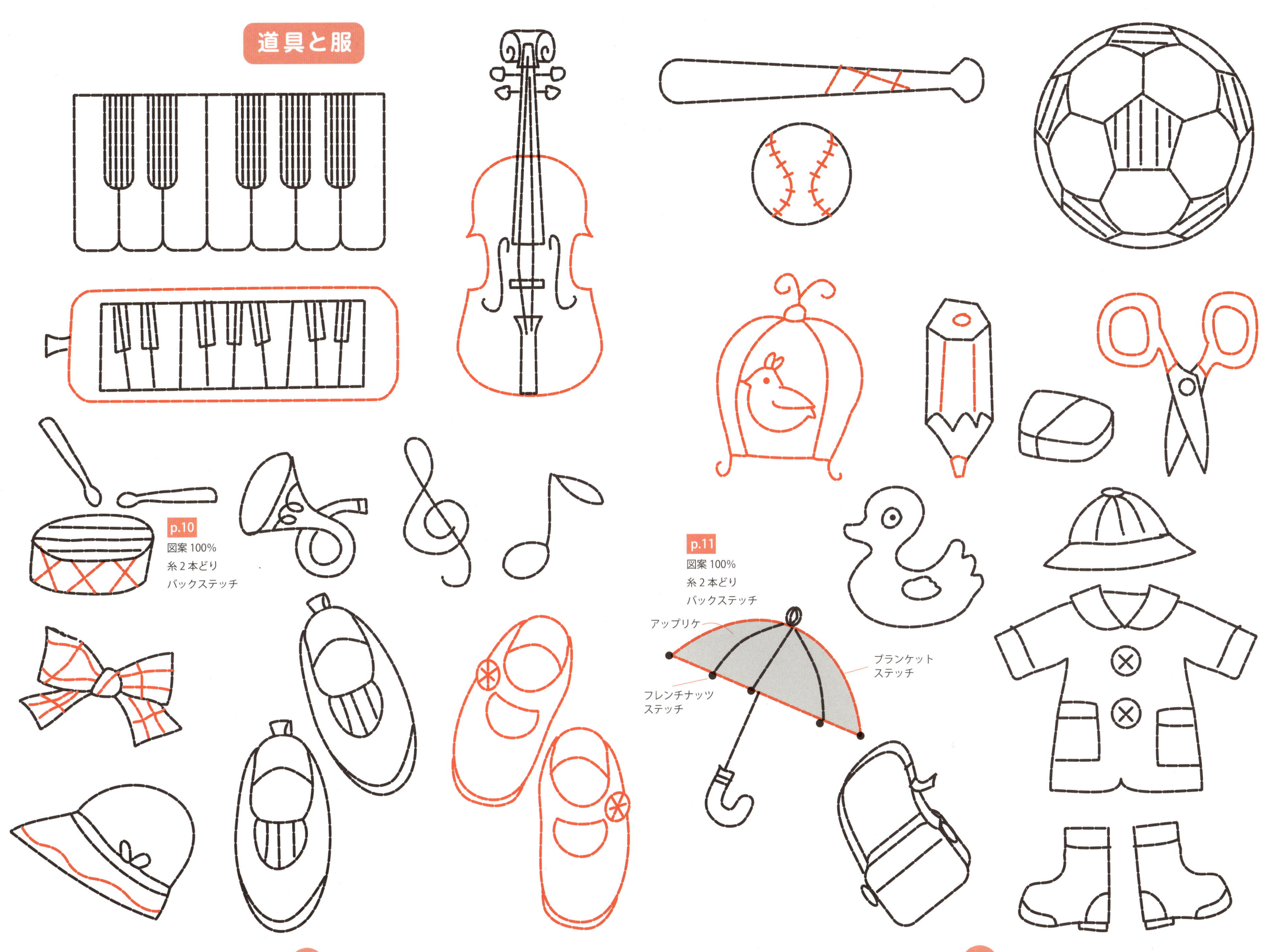

p.10
図案100%
糸2本どり
バックステッチ

p.11
図案100%
糸2本どり
バックステッチ

アップリケ
ブランケットステッチ
フレンチナッツステッチ

乗り物と町並み

p.11
図案 100%
糸 2本どり
バックステッチ

糸 1本どり

p.11
図案 100%　糸 2本どり
バックステッチ

サテンステッチ

p.11
図案 100%　糸 2本どり
バックステッチ

アップリケ

チェーンステッチ

植物と虫

サテンステッチ
フレンチナッツステッチ

p.10
図案100%
糸2本どり
バックステッチ

糸1本どり

お話

p.10
図案100%
糸2本どり バックステッチ

糸2本どり
レゼーデージー
ステッチ

動物

フレンチナッツステッチ
糸1本どり

カバー裏
図案60%
糸2本どり
バックステッチ

p.11
図案100%
糸2本どり バックステッチ

フレンチナッツステッチ
サテンステッチ

## 動物

**カバー表**
図案 200%
糸5番1本どり　バックステッチ

フレンチナッツステッチ

フレンチナッツステッチ
アウトラインステッチ

**p.11**
図案 100%
糸2本どり　バックステッチ

**カバー表**
図案 140%
糸5番1本どり　バックステッチ

# 模様

ブランケットステッチ

**あいうえお**

あかさたなはまやらわ
いきしちにひみ　りん
うくすつぬふむゆる
えけせてねへめ　れ
おこそとのほもよろ

## アルファベット

A B C D E
F G H I J
K L M N O
P Q R S T
U V W X Y Z

文字を小さく入れるときは
バックステッチで

フレンチナッツステッチを加えて

ランニングステッチやレゼーデージーステッチを加えて

太く大きく入れたいときは
チェーンステッチで

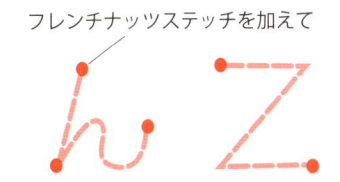

### しかのるーむ （バッグの製作、作り方解説 p.14～49）

鹿野伸子主宰のイラスト工房。
主にソーイング、植物、育児の分野で、
雑誌、単行本のイラスト解説を手がけ、著書も多数。

### ピポン （刺繍図案とイラスト p.1～13、p.50～79）

我那覇陽子と辻岡ピギーの共同事務所。
イラストをはじめ、商品開発から
本の企画、編集まで幅広く活動し、著書も多数。

ブックデザイン　我那覇陽子（ピポン）
撮影　池田ただし
刺繍　吉村恵美
企画、編集　吉岡享子

●バッグの製作協力
孝富、四季（布地）
　〒151-8521　東京都渋谷区代々木 3-22-1　文化学園 購買部内
　tel.03-3299-2044（孝富）、03-3299-2065（四季）
つよせ（ファスナー、テープ、Dかん、角かん、丸ひも）
　〒164-0001 東京都中野区中野 5-66-5　tel.03-3387-6235

入園、入学に役立つ
## 子どものためのバッグ作り

2009年 10月 8日　第1刷発行
2016年 12月 9日　第6刷発行
著者　しかのるーむ＋ピポン
発行者　大沼 淳
発行所　学校法人 文化学園 文化出版局
　　　〒151-8524　東京都渋谷区代々木 3-22-1
　　　電話 03-3299-2401（編集）　03-3299-2540（営業）
印刷・製本所　株式会社文化カラー印刷

© shikano room,pipon 2009　Printed in Japan
本書の写真、カット及び内容の無断転載を禁じます。

・本書のコピー、スキャン、デジタル化等の無断複製は著作権法上での例外を除き、
　禁じられています。本書を代行業者等の第三者に依頼してスキャンやデジタル化
　することは、たとえ個人や家庭内での利用でも著作権法違反になります。
・本書で紹介した作品の全部または一部を商品化、複製頒布、及びコンクールなど
　の応募作品として出品することは禁じられています。
・撮影状況や印刷により、作品の色は実物と多少異なる場合があります。ご了承ください。

文化出版局のホームページ　http://books.bunka.ac.jp/

### 【既刊本】

洋裁のことを知りたい人のために
「ソーイングの基礎ノート」
B5 変型判（257×190mm）88 ページ

バッグくらいは作ってみたい
「バッグ作りの基礎ノート」
B5 変型判（257×190mm）96 ページ

エプロンくらいは作ってみたい
「エプロン作りの基礎ノート」
B5 変型判（257×190mm）96 ページ

ふだん着は手作りで
「子ども服の基礎ノート」
B5 変型判（257×190mm）96 ページ